COURS COMPLET D'ENSEIGNEMENT PROFESSIONNEL

BEAUTÉ DU CORPS

COURS COMPLET

D'ENSEIGNEMENT PROFESSIONNEL

de la

COUPE

COURS COMPLET

d'Enseignement Professionnel

de la

COUPE

PAR

Mme E. LORENTZ
Directrice de l'École Moderne de Coupe de Paris

Mlle A. LACROIX
Professeur, diplômée, de la Ville de Paris

Première partie : CORSET

Prix : 25 Francs

= 43, RUE DE RIVOLI, 43 =
(École Moderne de Coupe de Paris)
= PARIS =

TABLE DES MATIÈRES

✦ ✦ ✦

PRÉFACE

❦ Préface ❦

Le Corset. -- Son Évolution à travers les âges

DEPUIS quelques années une grande transformation s'est produite autour du corset.

Il serait superflu de faire ici une longue description des anciens corsets, une simple visite au Musée de Cluny, vous édifiera mieux sur son évolution que tout ce qu'on pourrait écrire.

Nous restons étonnés devant ses formes inesthétiques qu'une mode ridicule nous imposa à travers les siècles !

On sait que l'origine du corset remonte aux temps les plus reculés. Les Grecques et les Romaines entouraient déjà leur buste et leur corps de bandelettes très serrées, afin de soutenir leurs formes en des lignes harmonieuses.

Sous une forme primitive, c'est déjà là le précurseur du corset, qu'on nommait alors Strophion, Stéthodesmis, Fasciæ Mamillares, etc., etc.

Le Justaucorps du moyen-âge n'est pas, non plus, autre chose que le corset de cette époque.

Plus tard, il devient cette horrible armature de fer, qui semble plutôt être un instrument de torture qu'un objet de toilette féminine.

Jusqu'aux règnes de Louis XV et Louis XVI, cette forme ridicule se maintient et s'accentue encore en des formes rigides rétrécissant et allongeant de plus en plus la taille.

La Révolution nous en débarrasse enfin, pour nous ramener aux formes antiques, délaissées peu de temps après pour le corset baleiné, mais si mal compris, que son empire fut discuté par les docteurs et les hygiénistes qui s'élevèrent contre le port du corset et allèrent jusqu'à vouloir le supprimer.

Ces protestations furent salutaires, puisqu'elles déterminèrent la création du Corset Moderne !

Bien confectionné, suivant des principes rationnels, et conforme à l'anatomie de la femme, un corset est utile autant qu'hygiénique ; mal compris, et sa confection laissée au hasard, il devient inesthétique et, surtout, nuisible à la santé.

Anatomie de la Femme

En effet, examinons rapidement la structure de la femme.

Deux parties de son corps sont enfermées dans le corset : la cage thoracique et la cavité abdominale (fig. 1).

La cage thoracique est formée par les côtes dont la partie antérieure vient se réunir sur le sternum (A) et, la partie postérieure s'attache à la colonne vertébrale.

Les côtes, qui sont au nombre de 12 de chaque côté de la poitrine, se subdivisent en vraies côtes ou côtes sternales (B), c'est-à-dire en côtes s'articulant directement sur le sternum et, en fausses côtes (C), c'est-à-dire s'articulant sur d'autres côtes, au moyen de cartilages.

Cette cage thoracique contient les poumons (D) et le cœur (E), deux organes délicats dont le fonctionnement régulier ne demande ni compression ni entrave.

Les fausses côtes protègent également la partie supérieure de la cavité abdominale qui est

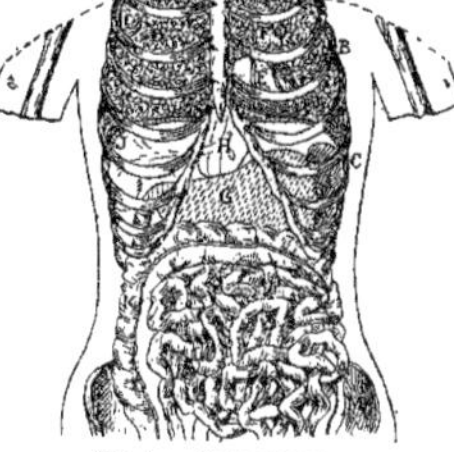

Fig. 1. — Corps normal.

séparée des poumons par une cloison élastique : le diaphragme (J).

La cage thoracique est renforcée en arrière par les omoplates (N) (fig. 2), et la colonne vertébrale.

La colonne vertébrale se compose de vertèbres, petits os superposés, réunis par des ligaments fibreux très élastiques, ce qui permet les courbes nécessaires lorsque le corps se plie en avant ou en arrière (O), (fig. 2).

Au-dessous du diaphragme se trouvent placés les organes de la diges-
tion : l'estomac (G), le gros intestin (K), l'intestin grêle (L) reposant, en bas,
dans la fosse illiaque, formée par les deux os du bassin (M).

Autour de l'estomac d'autres organes importants trouvent place : le foie
(H), le pancréas, la rate (I); en arrière des intestins, les reins (R), (fig. 2), puis
plus bas la vessie (V), (fig. 2), l'utérus et tous leurs accessoires.

Ces divers organes demandent pour fonctionner normalement à ne pas
être déplacés, ni être trop serrés; ils doivent être simplement maintenus et
soutenus sans gêne d'aucune sorte.

Le Corset Antihygiénique

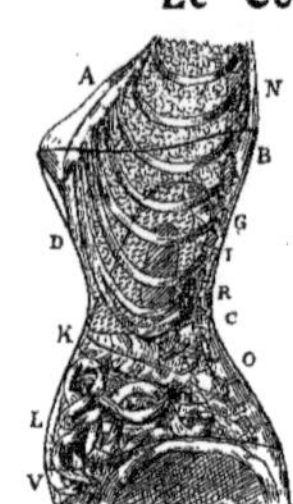

Fig. 2. — Corset antihygiénique.

On peut se rendre compte, par l'examen
comparatif des deux coupes ci-contre 2 et 3,
quels désordres occasionnent dans le corps
de la femme, un corset mal établi : défor-
mation des côtes, compression des poumons
et du cœur, déplacement de l'estomac, dé-
formation du foie, compression des intestins
vers le bassin, tandis que l'on peut voir dans
le corset moderne, scientifiquement tracé,
comment sont maintenus en place tous les
organes sans être comprimés tout en donnant
au corps un profil esthétique.

Le Corset Moderne

Le Corset Moderne répond donc à toutes les exigences d'hygiène et d'élégance.

Sa fonction délicate est bien comprise, il enveloppe et maintient sans
aucune gêne, en laissant au corps toute la souplesse des mouvements, ce qui
donne à la silhouette cette ligne idéale et impeccable de la mode actuelle.

Mais avant d'atteindre cette perfection, que de tâtonnements, que de
recherches !

Les corsetières avisées, celles qui se sont créé un nom dans l'industrie si
prospère du corset, ont compris qu'on ne saurait corseter toutes les femmes
sur un même modèle, la conformation anato-
mique de chacune étant parfois très différente
dans ses détails.

Notre méthode établie sur des bases théo-
riques, rigoureuses et précises, vient faciliter
leur tâche et leur assurer l'exécution parfaite,
quelle que soit la forme choisie.

Avec elle, plus de lacune, car nous y avons
groupé, avec la plus excessive minutie, les
moindre détails.

Pour en faciliter la prompte compréhension, nous avons débuté par des leçons d'une
grande simplicité, pour arriver graduellement
et sûrement aux plus compliquées. Nous ame-
nons ainsi progressivement et naturellement
l'élève à surmonter et à vaincre toutes les difficultés qui peuvent se présenter dans la confection des différents modèles décrits.

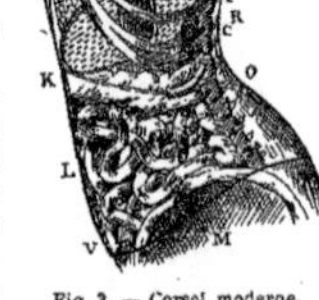

Fig. 3. — Corset moderne.

Nous espérons, chères lectrices, avoir rempli consciencieusement notre
tâche, et vous avoir donné entière satisfaction, en mettant à la portée de
toutes le résultat de notre longue expérience et le fruit de nos patientes
recherches.

E. Lorentz

A. Lacroix

✦ ✦ ✦

Prise des Mesures

La Prise des Mesures

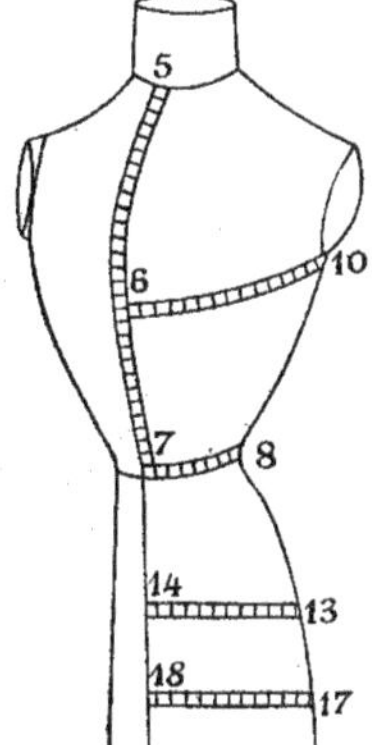

Fig. 4. — Prise des mesures du devant.

AVANT de commencer à étudier cette méthode, nous ne saurions trop vous recommander, chères lectrices, de vous attarder sur cette leçon, sans la connaissance approfondie de laquelle vous ne sauriez obtenir de bons résultats.

En effet, sans des mesures bien prises, il vous est impossible d'établir un patron exact, et, sans un patron bien exact, vous n'obtenez qu'un corset mal équilibré qui vous oblige à de nombreuses rectifications, pertes de temps et naturellement pertes d'argent.

Si, au contraire, vous prenez les mesures avec minutie, et si vous ne négligez pas de vérifier vos patrons avant de les découper, vous obtiendrez des corsets allant parfaitement, pouvant être essayés presque finis, c'est-à-dire où il ne resterait plus qu'à arrondir le haut et à découper le bas suivant le goût de votre cliente.

Pour bien comprendre cette leçon, vous devrez l'étudier en ayant soin de vous reporter continuellement aux croquis qui seront pour vous de précieux auxiliaires.

Mais avant de vous expliquer la manière très détaillée de prendre chacune des mesures, nous allons vous les donner dans l'ordre que vous retrouverez, d'ailleurs, au début de chaque leçon.

1° *Longueur du dos ;*

2° *Hauteur du dessous du bras ;*
3° *Hauteur des pinces ;*
4° *Longueur de taille devant :*
5° *Demi-tour de taille ;*
6° *Point d'aplomb de la taille ;*
7° *Demi-tour de poitrine ;*
8° *Point d'aplomb de la poitrine ;*
9° *Demi-tour des hanches* (Pris à 12 centimètres au-dessous de la taille) ;
10° *Point d'aplomb des hanches* (Pris à 12 centimètres au-dessous de la taille) ;
11° *Demi-tour des hanches* (Pris à 20 centimètres au-dessous de la taille) ;
12° *Point d'aplomb des hanches* (Pris à 20 centimètres au-dessous de la taille).

Il est de toute utilité pour bien prendre les mesures nécessaires à la confection d'un corset, de les prendre sur le corset même et non sur le corsage, comme le font de nombreuses corsetières.

Pour commencer, entourez la taille d'un ruban que vous fixerez, en le serrant un peu, de manière à déterminer exactement l'emplacement de votre taille.

Ceci compris, prendre les mesures en suivant sur les croquis.

1° *Longueur du dos :*

La longueur du dos se prend de la nuque à la taille, au bas du ruban de taille, comme l'indique le dessin, de *1* à *2*.

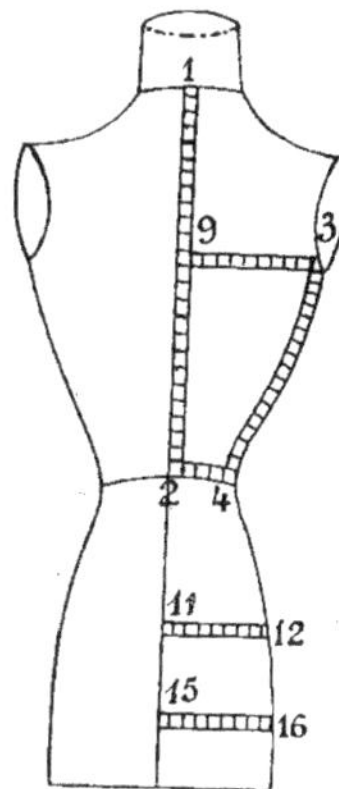

Fig. 5. — Prise des mesures du dos.

"

2° *Hauteur du dessous de bras :*

Placer le centimètre sous le bras, puis faire baisser le bras de la personne en tendant votre centimètre jusqu'au bas du ruban de taille, de *3 à 4*, comme l'indique le dessin.

3° *Hauteur des pinces :*

Au devant du corset, mettez votre centimètre au bas du cou (comme il est indiqué au croquis par le chiffre *5*) puis vous laisserez tomber le centimètre de lui-même ; l'endroit où il se détache du corps vous donne la hauteur des pinces, *5 à 6* (voir le croquis).

4° *Longueur de taille devant :*

Cette mesure est fort simple à prendre ; c'est la continuation de la précédente. Votre centimètre placé au point *5*, vous le descendez jusqu'au bas du ruban de taille, chiffre *7* (Se reporter au dessin).

5° *Demi-tour de taille :*

Vous entourez la taille avec le centimètre et vous indiquez la moitié de la mesure trouvée.

Pour toutes les mesures qui suivent vous faites de même. Vous remarquerez, d'ailleurs, que toutes les mesures prises en longueur s'inscrivent en entier et que toutes les mesures en largeur sont bien prises entières, mais s'inscrivent par moitié.

On prend les mesures en largeur entières, afin que les contours de taille, de poitrine et des hanches soient pris bien exactement, mais nous ne les inscrivons que par moitié, puisque nous ne dessinons jamais que la moitié des patrons.

Le demi-tour de taille est représenté sur le croquis, au dos, de *2 à 4*, et au devant, de *8 à 7*.

6° *Point d'aplomb de la taille :*

Le point d'aplomb de la taille se prend du milieu du dos à la taille, jusqu'au dessous de bras, mais pour les personnes n'ayant pas l'œil très exercé, elles pourront le placer à la moitié moins 4 centimètres du demi-tour de taille.

Exemple : Demi-tour de taille, 30 centimètres.

Moitié du demi-tour de taille, 15 centimètres, dont nous retirerons 4 centimètres ; notre point d'aplomb sera donc de 11 centimètres.

Ce point d'aplomb de la taille sera toujours marqué sur le ruban de taille par une épingle, de manière que l'on puisse prendre les points d'aplomb de la poitrine et des hanches bien en face de lui, afin de déterminer le dos du corset et donner une jolie ligne à la couture du dessous du bras.

Sur notre croquis, la distance entre les chiffres *2* et *4* représente le point d'aplomb de la taille.

7° *Demi-tour de poitrine :*

Cette mesure est représentée sur le dessin, au dos, par la largeur *9 à 3* et au devant, par la largeur *6 à 10*.

Pour bien prendre cette mesure, placer le centimètre à la demi-longueur du dos, en passant sous les bras, et faire revenir sur le devant en passant par l'endroit le plus fort de la poitrine.

8° *Point d'aplomb de la poitrine :*

Cette mesure se prend de la même manière que le point d'aplomb de la taille, mais, naturellement, vous placerez votre centimètre à la moitié de la longueur du dos, comme l'indique sur le croquis le chiffre *9*, jusqu'au chiffre *3* du dessous de bras, bien en face du point d'aplomb de la taille (voir le dessin).

9° *Demi-tour des hanches (pris à 12 centimètres au-dessous de la ligne de taille) :*

Cette mesure est indiquée sur les croquis, au dos, de *11 à 12*, et au devant, de *13 à 14*.

Placer le centimètre 12 centimètres au-dessous de la taille, entourer les hanches, et inscrire cette mesure par moitié.

10° *Point d'aplomb des hanches à 12 centimètres :*

Cette mesure se prend comme les points d'aplomb de poitrine et de taille ; avoir soin qu'elle soit placée bien au-dessous et dans le même alignement que les précédentes ; voir au dessin, chiffres *11, 12*.

Les onzième et douzième mesures se prennent comme les neuvième et dixième mesures, mais à 20 centimètres au-dessous de la taille.

Toutes ces indications rigoureusement observées vous obtiendrez, chères lectrices, d'excellents résultats.

Pour faciliter votre tâche, vous trouverez à l'*École Moderne de Coupe de Paris*, 43, rue de Rivoli, des équerres spéciales, grandeur naturelle, demi-grandeur, qui seront de précieux auxiliaires pour le tracé de tous vos patrons.

Elles sont indispensables aux personnes n'ayant pas de connaissances approfondies du dessin, car elles y trouveront toutes les courbes qui se présentent dans l'exécution du tracé des corsets.

Cette École tient également à la disposition des élèves, des centimètres réduits, particulièrement utiles dans les cours professionnels où elles confectionnent des modèles sur des mannequins réduits demi-grandeur.

Prix de ces Accessoires

❖ ❖ ❖

L'équerre en carton dur....	1 fr.
La douzaine.............	10 »
L'équerre réduite 1/2 grandeur	0 50
La douzaine.............	3 50
Le centimètre réduit 1/2 grand.	
en toile vernie..........	0 50
La douzaine.............	5 »

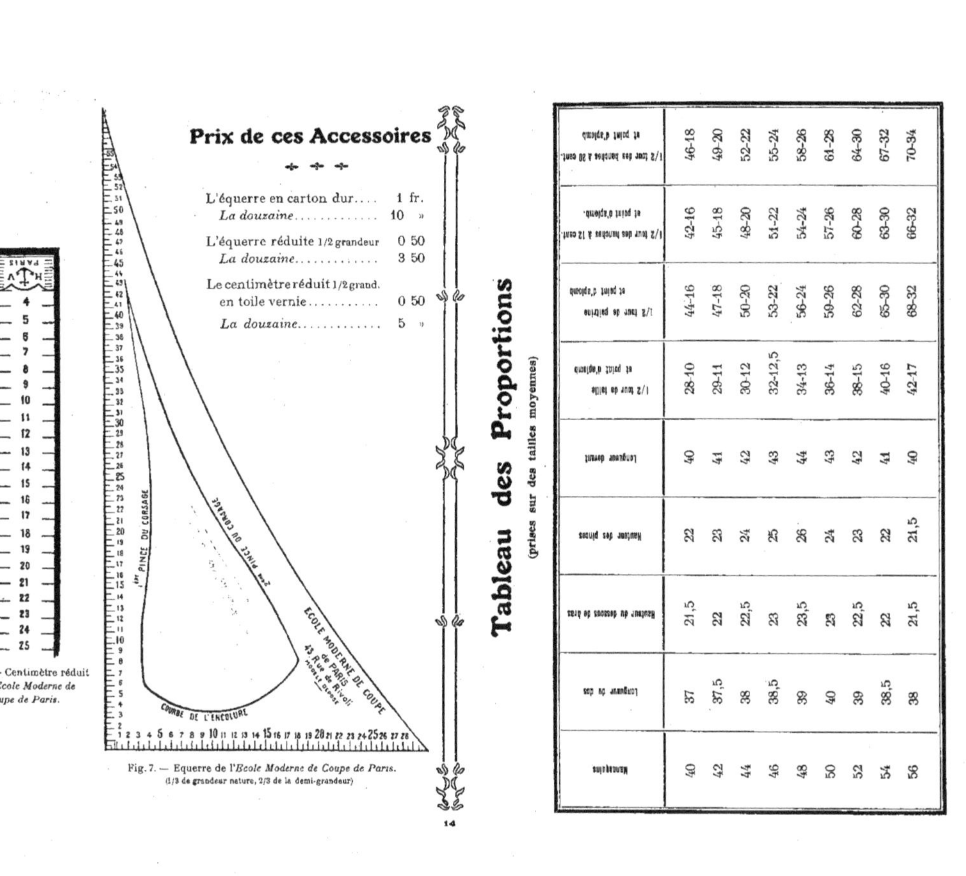

6. — Centimètre réduit l'*Ecole Moderne de Coupe de Paris*.

Fig. 7. — Equerre de l'*Ecole Moderne de Coupe de Paris*.
(1/3 de grandeur nature, 2/3 de la demi-grandeur)

Tableau des Proportions

(prises sur des tailles moyennes)

Mannequins	Longueur du dos	Hauteur du dessous de bras	Hauteur des pinces	Longueur devant	1/2 tour de taille et point d'aplomb	1/2 tour de poitrine et point d'aplomb	1/2 tour des hanches à 12 cent. et point d'aplomb	1/2 tour des hanches à 20 cent. et point d'aplomb
40	37	21,5	22	40	28-10	44-16	42-16	46-18
42	37,5	22	23	41	29-11	47-18	45-18	49-20
44	38	22,5	24	42	30-12	50-20	48-20	52-22
46	38,5	23	25	43	32-12,5	53-22	51-22	55-24
48	39	23,5	26	44	34-13	56-24	54-24	58-26
50	40	23	24	43	36-14	59-26	57-26	61-28
52	39	22,5	23	42	38-15	62-28	60-28	64-30
54	38,5	22	22	41	40-16	65-30	63-30	67-32
56	38	21,5	21,5	40	42-17	68-32	66-32	70-34

Lignes de Construction

Lignes de Construction

Mesures

1° Longueur du dos;
2° Hauteur du dessous de bras;
3° Hauteur des pinces;
4° Longueur de taille devant;
5° Demi-tour de taille;
6° Point d'aplomb de la taille;
7° Demi-tour de poitrine;
8° Point d'aplomb de la poitrine;
9° Demi-tour des hanches (pris 12 centimètres au-dessous de la ligne de taille);
10° Point d'aplomb des hanches (pris 12 centimètres au-dessous de la ligne de taille);
11° Demi-tour des hanches (pris 20 centimètres au-dessous de la ligne de taille);
12° Point d'aplomb des hanches (pris 20 centimètres au-dessous de la ligne de taille).

Remarque

Les mesures devront toujours être prises dans l'ordre ci-dessus indiqué.

Un patron de corset s'établissant toujours par moitié, vous n'inscrirez que la moitié des mesures prises en largeur.

Celles en longueur et en hauteur seront marquées entièrement.

Fig. 8. — Lignes de construction servant de base pour établir le dos du Corset.

➤ Lignes de Construction ➤

✦ ✦ ✦

Remarque

Contrairement aux lignes de construction du dos, celles du devant, à part la ligne de poitrine, ne sont plus horizontales.

Selon le genre du corset ou la conformation de la personne la ligne de taille *2-4* s'élève au-dessus de la ligne *2-3*, tantôt du huitième, tantôt du dixième du demi-tour de poitrine.

D'autrefois aussi, elle est basée soit sur le tiers ou les deux tiers du renversement, ou bien encore sur le dixième du rectangle établi.

Les lignes des hanches sont parallèles à cette ligne de taille *2-4*.

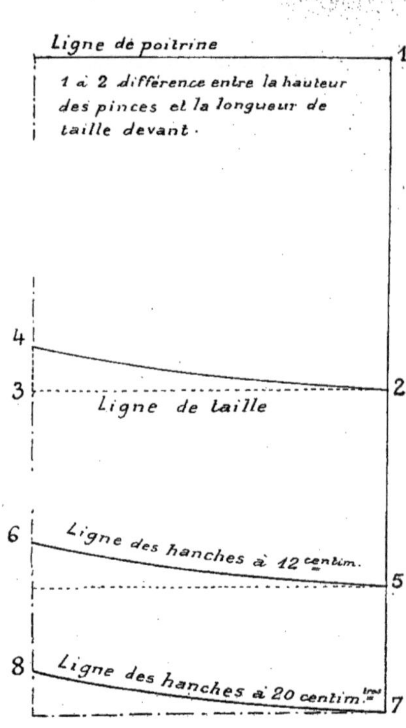

Fig. 9. — Lignes de construction servant de base pour établir le devant du Corset.

Lignes de Construction

✛ ✛ ✛

EXPLICATION DE LA DEUXIÈME LEÇON

PARMI tous les objets de toilette, qui constituent l'habillement de la femme, aucun n'exige plus d'attention, plus de minutie que la confection du Corset.

Nous dirons même que cette branche de l'industrie touche à l'Art.

Ne faut-il pas, en effet, pour qu'un corset enveloppe avec aisance, élégance et souplesse, tout en donnant la ligne, qu'il soit établi sur des principes absolument rigoureux, dissimulant parfois certaines imperfections, sans négliger de faire valoir aucun des avantages que possède toute femme.

C'est à cet art, si intéressant entre tous, que nous voulons, chères lectrices, vous initier aussi complètement que possible.

Votre grand désir d'arriver à ce but, votre intelligence naturelle, rendront plus agréable notre tâche, assurées que nous sommes de votre grande attention à suivre toutes les démonstrations contenues dans notre Méthode.

Nous commencerons notre première leçon en établissant les lignes fondamentales du Corset.

Quels que soient la forme ou le genre adoptés, ces lignes de construction ne varieront jamais.

Nous allons donc, si vous le voulez, lectrices, les étudier bien attentivement, de manière à n'y plus revenir, puisque vous ne pourrez jamais établir aucun patron de corset sans les avoir préalablement tracées.

Il est donc bien entendu que pour toutes les leçons suivantes, avant toute autre démonstration, vous les indiquerez d'abord en lignes pointillées (consulter le dessin).

Après vous être munies de tout ce qui est nécessaire pour l'exécution de votre patron (papier, équerre, gomme, crayon), tracez à gauche de votre papier un angle droit, aux côtés duquel vous donnerez comme longueur, sur la ligne verticale, environ 50 centimètres, et, sur la ligne horizontale, environ 30 centimètres.

Cette ligne horizontale (chiffre *1*) se nomme *ligne de poitrine*.

Sur la ligne verticale, vous porterez de *1* à *2* la moitié de la longueur du dos.

Exemple : Supposons que vous ayez comme longueur du dos, 38 centimètres, (mesure prise de la nuque à la taille), c'est donc la moitié de 38 centimètres, soit 19 centimètres, que vous compterez de *1* à *2*.

A ce point, tracez une deuxième ligne horizontale, qui vous donnera votre *ligne de taille* (chiffre *2*).

A 12 centimètres au-dessous de la ligne de taille, indiquez maintenant votre première ligne des hanches, et tirez une troisième horizontale qui sera la *ligne des hanches prise à 12 centimètres* au-dessous de la ligne de taille (chiffre *3*).

A 20 centimètres au-dessous de la ligne de taille, tracez une dernière horizontale qui sera votre *ligne des hanches prise à 10 centimètres* au-dessous de la ligne de taille (chiffre *4*).

Avant d'aller plus loin, passez en revue toutes vos lignes et définissez-les, par ordre, afin de bien vous habituer à leur désignation respective, car dans les leçons qui suivront, elles figureront simplement en pointillé, mais elles ne seront plus nommées, ni chiffrées, pour plus de netteté dans le dessin.

Nous répétons donc :

Ligne 1. — *Ligne de poitrine* (à la moitié de la longueur du dos).

Ligne 2. — *Ligne de taille* (longueur du dos).

Ligne 3. — *Ligne des hanches prise à 12 centimètres au-dessous de la ligne de taille.*

Ligne 4. — *Ligne des hanches prise à 20 centimètres au-dessous de la ligne de taille.*

Pour terminer les lignes de construction du dos, vous compterez à droite, et parallèlement à la ligne verticale pointillée, 3 centimètres, que vous indiquerez par une ligne pleine (voir dessin).

Comme vous le savez, lectrices, un corset s'élargit toujours au porter, c'est pourquoi vous supprimerez invariablement ces 3 centimètres, avant de tracer les pièces du dos de n'importe quel corset.

Passez maintenant aux lignes de construction du devant.

Tracez, comme pour le dos, mais cette fois à droite de votre papier, un angle droit, en donnant à la ligne verticale une longueur de 50 centimètres environ, et à la ligne horizontale environ 30 à 35 centimètres.

Cette ligne horizontale vous donnera la *ligne de poitrine* (chiffre *1*).

Sur la ligne verticale de *1* à *2*, vous donnerez toujours comme distance, une longueur égale à la différence qui existera entre la longueur de la taille devant et la hauteur des pinces.

Exemple : supposons que la longueur de votre taille devant, soit de 42 centimètres, et que la hauteur des pinces soit de 24 centimètres, la différence entre ces deux mesures est donc de 18 centimètres, que vous porterez de *1* à *2*.

Tracez ensuite, du point *2*, une ligne horizontale, ce qui vous donnera la ligne de taille provisoire du devant.

Comme vous le verrez, en effet, par la suite, cette ligne de taille se trouve toujours remontée au dessous de bras (voir dessin).

Cette élévation variant suivant la conformation de la personne que vous corsetez, il nous est impossible, ici, de lui donner une mesure exacte, nous la traçons donc, au figuré, en l'indiquant par les chiffres *3* et *4*.

Réunissez *4* à *2* par une ligne pointillée comme l'indique le dessin.

Notre ligne de taille ainsi élevée est devenue oblique, nos lignes des hanches, prises à 12 et 20 centimètres au-dessous de la ligne de taille auront donc la même pente.

Définissez ces lignes en comptant sur la ligne verticale au-dessous de la ligne de taille 12 et 20 centimètres.

A 12 centimètres, vous marquerez le chiffre *5*, et à 20 centimètres, le chiffre *7*.

En partant de la ligne pointillée *4*, et au-dessous, comptez aussi 12 et 20 centimètres; marquez à 12 centimètres le chiffre *6*, que vous réunissez au chiffre *5* par une ligne pointillée légèrement courbe (voir dessin), et à 20 centimètres le chiffre *8*, que vous réunissez au chiffre *7* par une ligne pointillée courbe comme la ligne *5-6*.

Pour terminer cette première leçon, classez dans l'ordre vos lignes de construction pour bien vous en souvenir :

Ligne 1. — *Ligne de poitrine.*

Ligne 2-3. — *Ligne de taille du devant, égale à la différence entre la longueur de taille devant, et la hauteur des pinces.*

Ligne 2-4. — *Ligne de taille élevée.*

Ligne 5-6. — *Ligne des hanches prise à 12 centimètres au-dessous de la ligne de taille.*

Ligne 7-8. — *Ligne des hanches prise à 20 centimètres au-dessous de la ligne de taille.*

TROISIÈME LEÇON

✦ ✦ ✦

Corset Droit en 4 pièces

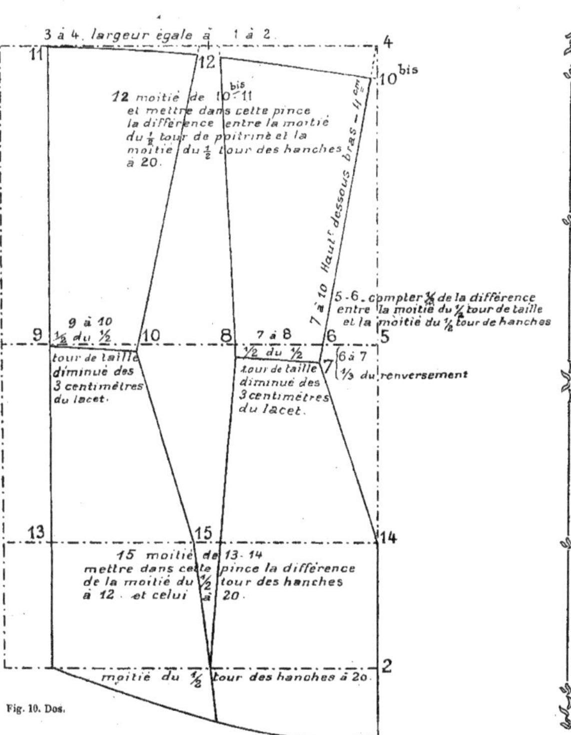

Fig. 10. Dos.

Corset droit
en 4 pièces

✢ ✢ ✢

Mesures — Mannequin 40

1° Longueur du dos	37
2° Hauteur du dessous de bras	22
3° Hauteur des pinces	23
4° Longueur de la taille devant	41
5° Demi-tour de taille	28
6° Demi-tour de poitrine	45
7° Demi-tour des hanches	44
(pris 12 cent. au-dessous de la ligne de taille)	
8° Demi-tour des hanches	47
(pris 20 cent. au-dessous de la ligne de taille)	

✢ ✢ ✢

Nota

Pour ce corset, il est inutile de prendre les mesures des points d'aplomb de poitrine, de taille et des hanches à 12 et 20 cent., car les deux pièces du dos doivent avoir sur la ligne de taille, la moitié du demi-tour de taille, sur la ligne de poitrine, la moitié du demi-tour de poitrine et, sur la ligne des hanches à 20 centimètres, la moitié du demi-tour des hanches.

Corset droit en 4 pièces

+ + +

Remarque

Ce corset convient à des personnes minces, et peut se faire soit en tissu ou en tricot.

Pour le corset tricot, il faut tenir compte de l'élasticité de l'étoffe employée et diminuer alors sur toutes les mesures prises en largeur, 1/5 ou 1/4 de ces mesures.

Les mesures prises en longueur ne sont pas diminuées.

Pour les personnes sensibles de l'estomac, des reins ou de l'abdomen, le corset en tricot s'impose.

Sa souplesse fait qu'il maintient et protège les organes sans aucune gêne.

Pour le baleinage, se reporter à la leçon « baleinage et assemblage » à la fin de la méthode.

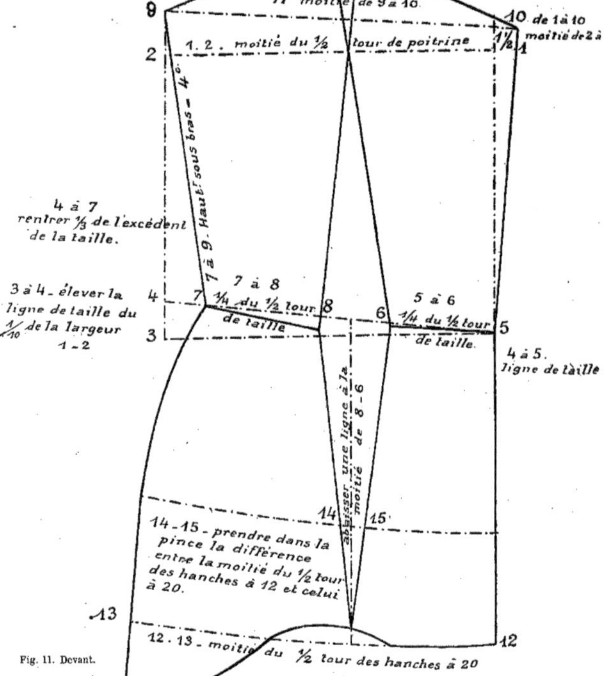

Fig. 11. Devant.

Corset droit en 4 pièces

✢ ✢ ✢

EXPLICATION DE LA TROISIÈME LEÇON

Dos

MAINTENANT, lectrices, que vous connaissez les lignes de construction, vous allez établir, sur ces lignes, votre premier corset.

Afin de vous familiariser peu à peu avec la coupe des corsets, nous vous ferons débuter par un modèle très simple, et d'exécution très facile, pour vous amener ensuite et graduellement à des formes plus compliquées.

Ce corset sera composé de quatre pièces seulement, qui seront tracées dans deux rectangles différents, dont un pour les deux pièces du dos, et un autre pour les deux pièces du devant.

Le rectangle du dos sera basé sur la moitié du demi-tour des hanches, pris à 20 centimètres au-dessous de la ligne de taille, parce qu'il est ici plus fort que la moitié du demi-tour de poitrine.

Cependant, si le contraire se produisait, et que la personne que vous devez corseter ait le demi-tour de poitrine plus fort que le demi-tour des hanches à 20 centimètres, vous établiriez alors votre rectangle sur la moitié du demi-tour de poitrine.

Ceci expliqué, et vos lignes de construction tracées, établissez votre rectangle sur les lignes de construction en commençant par la ligne des hanches prise à 20 centimètres au-dessous de la ligne de taille, puisque votre demi-tour des hanches est plus fort, dans ce corset, que la moitié du demi-tour de poitrine.

Pour mieux comprendre ces explications, tracez toutes les lignes en ayant le dessin sous les yeux.

Le demi-tour des hanches à 20 centimètres étant de 47 centimètres, portez la moitié de cette mesure de *1* à *2*, soit 23 centimètres 1/2.

Reportez cette même mesure sur la ligne de poitrine de *3* à *4*, et fermez le rectangle en joignant *4* à *2*.

Indiquez de suite les 3 centimètres de lacet de *3* à *11*.

Sur la ligne de poitrine, à la moitié de *11-4*, marquez le chiffre *12*. Passez maintenant à la ligne de taille.

Le demi-tour de taille étant de 28 centimètres, vous en prendrez la moitié, soit 14 centimètres, pour établir les deux pièces sur cette ligne.

De ces 14 centimètres, retirez les 3 centimètres du lacet il vous restera donc 11 centimètres, soit 5 centimètres 1/2 pour chacune des deux pièces.

De *9* à *10*, portez une première fois 5 centimètres 1/2 pour la première pièce et cherchez, à présent, la différence qu'il y a entre la moitié du demi-tour des hanches à 20 centimètres, et la moitié du demi-tour de taille.

Exemple : moitié du demi-tour des hanches à 20   23 centimètres 1/2.
moitié du demi-tour de taille   14   —

Cette différence, ou excédent, est donc de . . . . . .   9 centimètres sur la ligne de taille.

Rentrez sur la ligne de taille, de *5* à *6*, le 1/3 de cet excédent, soit 3 centimètres.

De *6* à *8*, donnez une seconde fois 5 centimères 1/2, qui formeront votre deuxième pièce.

Le reste de l'excédent, c'est-à-dire les deux autres tiers, se trouve placé de lui-même entre les deux pièces (voir dessin).

Joignez *6* à *4* par une ligne pointillée, et sur son prolongement, de *6* à *7*, descendez votre ligne de taille du 1/3 du *renversement*.

Vous voici arrêtées, et vous vous demandez, sans doute, ce que signifie le mot *renversement* dans cette leçon ?

Le *renversement* est la différence qui existe entre la longueur de taille devant et la longueur du dos.

Exemple : longueur de taille devant   41   centimètres.
longueur du dos   37   —

le *renversement*, pour cette taille, est donc de   4   centimètres, dont vous portez le 1/3, soit 1 centimètre 3%, de *6* à *7*, ainsi qu'il est dit plus haut (voir la figure 10).

De 7 à *10 bis*, portez la hauteur du dessous de bras, moins 4 centimètres, le corset ne devant jamais gêner sous les bras.

Remontez maintenant à la ligne de poitrine.

Votre demi-tour de poitrine étant de 45 centimètres, vous en prendrez la moitié, soit 22 centimètres 1/2.

De ces 22 centimètres 1/2, déduisez les 3 centimètres du lacet, il vous reste donc 19 centimètres 1/2 dont la moitié est de 9 centimètres 3/4.

Chacune de vos pièces aura donc sur la ligne de poitrine 9 centimètres 3/4.

Cherchez maintenant, comme vous l'avez déjà fait sur la ligne de taille, la différence entre la moitié du demi-tour des hanches à 20 centimètres et la moitié du demi-tour de poitrine.

> *Exemple* : moitié du demi-tour des hanches à 20. 23 centimètres 1/2.
> moitié du demi-tour de poitrine..... 22 centimètres 1/2.

La différence ou l'excédent est donc de......... 1 centimètre que vous enlèverez à droite et à gauche du point *12*, soit 1/2 centimètre de chaque côté.

Réunissez maintenant les deux points ainsi trouvés de chaque côté de *12*, par une ligne pleine, à *10* et à *8*, (voir dessin *fig. 10*).

Rapprochez les pièces à la taille en pliant le papier de façon à faire toucher les lignes *10-12*, et *8-12*, puis arrondir la ligne de taille de *9* à 7.

Pour terminer le haut du corset, réunissez *11* à *10 bis*, comme l'indique le dessin.

Descendez, à présent, sur la ligne des hanches, prise à 12 centimètres au-dessous de la ligne de taille, et recommencez la même opération que sur les lignes de taille et de poitrine, en cherchant la différence entre la moitié du demi-tour des hanches à 20 centimètres, et la moitié du demi-tour des hanches à 12 centimètres.

> *Exemple* : moitié du demi-tour des hanches à 20. 23 centimètres 1/2.
> moitié du demi-tour des hanches à 12. 22 centimètres.

La différence ou l'excédent est donc de.......... 1 centimètre 1/2.

Prenez la moitié de 13-14 et marquez le chiffre *15*.

A droite et à gauche de *15*, comptez 1/2 centimètre et marquez deux points.

Réunissez *8* et *10* à ces points, en prolongeant les lignes au delà des hanches à 20 centimètres, suivant la longueur que vous donnez à votre corset (voir dessin).

Pour terminer le dos, joindre 7 à *2* comme l'indique le croquis, par une ligne arrondie passant par *14*, que vous prolongerez au delà de *2*, suivant la longueur que doit avoir le corset.

Devant

Tracez maintenant les lignes de construction en vous reportant à la deuxième leçon (lignes de construction du devant).

Commencez, d'abord, par sortir à droite et en haut de la ligne verticale pointillée 1 centimètre 1/2, (voir dessin). et réunissez *1* à *5* par une ligne pleine.

Cette mesure de 1 cent. 5 m. que vous ressortez sur la ligne de poitrine a un double but.

Elle empêche d'abord d'aplatir la poitrine, ensuite, elle donne satisfaction à beaucoup de personnes qui n'aiment pas à avoir le busc appuyant au creux de l'estomac.

Sur la ligne horizontale pointillée, portez en partant de cette nouvelle ligne pleine, c'est-à-dire de *1* à *2*, la moitié du demi-tour de poitrine.

Exemple : demi-tour de poitrine 45 centimètres.

La moitié de ce demi-tour est donc de 22 centimètres 1/2, que vous portez de *1* à *2*.

Donnez de *2* à *3* la même longueur que de *1* à *5*, et fermez votre rectangle *1-2-3-5* (voir dessin *fig. 11*).

Comme nous l'avons expliqué dans la leçon des lignes de construction, la ligne que nous allons tracer, à présent. varie suivant le corset.

C'est cette nouvelle ligne qui sert de base pour tracer les lignes pointillées des hanches à 12 et à 20 centimètres.

Pour ce genre de corset, la ligne de taille se trouve élevée du 1/10 de la largeur du rectangle.

Exemple : votre rectangle mesurant 22 centimètres 1/2 sur la ligne de poitrine, c'est donc 1/10 de cette largeur, soit 2 centimètres 1/2, que vous portez de *3* à *4* ; réunissez ensuite *4* à *5* par une ligne pointillée (voir dessin).

Vous obtenez, ainsi, la ligne de taille réelle *4-5*, d'où vont dépendre les positions des deux lignes des hanches.

Pour déterminer ces lignes, portez au-dessous du point *5* deux longueurs de 12 et de 20 centimètres.

Faire de même au-dessous du point *4*, puis tracer les lignes en pointillé, comme l'indique le dessin.

Passez maintenant à la ligne de taille *4-5*.

Le demi-tour de taille étant de 28 centimètres, comme vous en avez déjà pris la moitié pour faire les deux pièces du dos, il vous reste 14 centimètres comme complément de votre demi-tour de taille.

Chacune de vos pièces devra donc avoir sur la ligne de taille 7 centimètres, c'est-à-dire le 1/4 du demi-tour de taille.

Occupez-vous maintenant d'enlever l'excédent que vous avez sur cette ligne en cherchant la différence qu'il y a entre la moitié du demi-tour de poitrine, et la moitié du demi-tour de taille.

Exemple : moitié du demi-tour de poitrine...... 22 centimètres 1/2.
        moitié du demi-tour de taille........ 14 centimètres.

La différence ou excédent est donc de.......... 8 centimètres 1/2.

Vous prenez le 1/3 de ces 8 centimètres 5 mm., soit 2 centimètres 9 mm., et vous le comptez de *4* à *7* (voir dessin).

De *7* à *9*, portez la hauteur du dessous de bras, moins 4 centimètres, soit 18 centimètres.

En consultant le dessin, vous constaterez que la hauteur du dessous de bras, que vous venez de compter de *7* à *9*, dépasse la ligne pointillée du rectangle *1-2*, de 2 centimètres environ, ce qui vous donne le chiffre *9*. Reportez la moitié de cette distance, soit 1 centimètre, de *1* à *10* (voir dessin) et réunissez *9* à *10* par une ligne pointillée. Prenez maintenant la moitié de *9* à *10* et marquez le chiffre *11*.

Elevez ce point de *3* à *4* centimètres, suivant que vous voudrez un corset enveloppant plus ou moins la gorge, et réunissez encore *9* à *10*, en passant par cette élévation du chiffre *11*, par une courbe arrondie comme l'indique la *fig. 11*.

Passez alors à la ligne de taille et formez votre première pièce en donnant, de *5* à *6*, le 1/4 du demi-tour de taille.

Exemple : demi-tour de taille, 28 centimètres, c'est donc le 1/4 de cette mesure, soit 7 centimètres, que vous donnez comme largeur de *5* à *6*.

Comptez, de *7* à *8*, encore 7 cent. et réunissez *8* à *11* et *6* à *11*.

Remarquez, en consultant le dessin, que les lignes *6* et *8* se croisent au milieu de la ligne de poitrine *1-2*.

Ce qui reste d'excédent sur la ligne de taille se trouve ainsi pris entre les chiffres *6* et *8*.

Rapprochez, maintenant, vos deux pièces sur la ligne de taille en pliant

le papier de façon à faire toucher les lignes *6-11* et *8-11*, et indiquez bien votre ligne de taille par une ligne pleine, en réunissant *7* à *5*, comme l'indique la figure.

A la moitié de *6-8* tracez une ligne pointillée, parallèle à la ligne *5-12*, jusqu'au bas du corset. (Voir dessin).

Descendez ensuite sur la ligne des hanches prise 20 centimètres au-dessous de la ligne de taille, et portez de *12* à *13*, la moitié du demi-tour des hanches à 20 centimètres.

Exemple : demi-tour des hanches à 20........... 47 centimètres.
        la moitié de ce demi-tour est donc de.. 23 centimètres 1/2,
que vous portez de *12* à *13*.

Réunissez *7* à *13* par une ligne courbe, (vous reporter au dessin), en donnant à cette ligne courbe la même longueur qu'à la ligne prolongée *6-9* du dos, car ces deux lignes doivent être assemblées lorsque vous finirez le corset.

Cherchez maintenant la différence entre la moitié du demi-tour des hanches à 20 centimètres, et la moitié du demi-tour des hanches à 12 cent.

Exemple : moitié du demi-tour des hanches à 20.. 23 centimètres 1/2.
        moitié du demi-tour des hanches à 12.. 22 centimètres.

La différence ou excédent est donc de .... 1 centimètre 1/2,
que vous portez à droite et à gauche de la ligne verticale pointillée, que vous avez tracée à la moitié de *8-6*, (à la hauteur des hanches à 12 centimètres).

Exemple : excédent 1 centimètre 1/2, c'est donc 3/4 de centimètre que vous portez de chaque coté de la ligne pointillée, ce qui donne les chiffres *14* et *15*.

Réunissez encore *6* à *15* et *8* à *14*, par des lignes pleines, en les prolongeant jusqu'à la ligne des hanches à 20 centimètres (consultez la *fig. 11*).

Enfin dessinez le bas du corset, et voici ce premier modèle terminé.

QUATRIÈME LEÇON

✦ ✦ ✦

Corset droit en 6 pièces

Fig. 12. — Dos.

Corset droit ====

==== en 6 pièces

❖ ❖ ❖

Mesures (Mannequin 42)

1° Longueur du dos 37,5

2° Hauteur du dessous de bras 22,5

3° Hauteur des pinces 24

4° Longueur de la taille devant 42

5° Demi-tour de taille 30

6° Point d'aplomb de la taille 11

7° Demi-tour de poitrine 47

8° Point d'aplomb de la poitrine 17

9° Demi-tour des hanches 46
(pris à 12 centimètres au-dessous de la ligne de taille)

10° Point d'aplomb des hanches 17
(pris à 12 centimètres au-dessous de la ligne de taille)

11° Demi-tour des hanches 49
(pris à 20 centimètres au-dessous de la ligne de taille)

12° Point d'aplomb des hanches 19
(pris à 20 centimètres au-dessous de la ligne de taille)

Corset droit ══ ══ en 6 pièces

+ + +

Remarque

Ce corset convient de préférence aux tailles correspondant aux mannequins 42-44.

Il donne les mêmes résultats que le précédent, mais ayant une pièce de plus, il supporte un baleinage plus serré, c'est-à-dire deux baleines de plus au devant.

Le dos est absolument le même.

———

Pour le baleinage voir leçon « baleinage et assemblage », à la fin du volume.

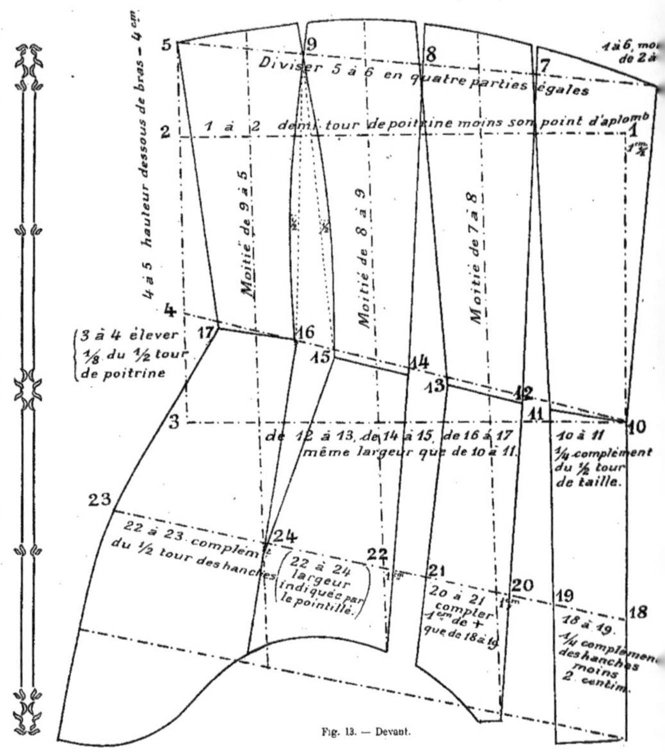

Fig. 13. — Devant.

Corset droit en 6 pièces

EXPLICATION DE LA QUATRIÈME LEÇON

Dos

L E DOS de ce corset étant identiquement le même que le précédent, nous ne répéterons cette leçon, chères lectrices, que pour la forme, en nous reportant aux nouvelles mesures de ce modèle.

Tracez donc les lignes de construction du dos comme il est expliqué.

Les lignes fondamentales terminées, indiquez de suite les 3 centimètres de lacet, par une ligne pleine, parallèle à la ligne verticale pointillée.

Commencez ensuite le tracé de vos pièces, sur la ligne de taille, en réduisant d'abord les 3 centimètres du lacet de votre point d'aplomb de taille, afin d'obtenir la largeur de chacune de ces pièces.

Exemple : point d'aplomb de la taille .... 11 centimètres.
      moins le lacet .... 3 centimètres.
      reste .... 8 centimètres.

Il nous reste donc 8 centimètres, soit 4 centimètres pour chaque pièce sur la ligne de taille.

Portez une première fois ces 4 centimètres de *1* à *2*, et tracez une ligne verticale pointillée, parallèle à la ligne pleine du lacet, dans toute la hauteur du corset.

A 10 centimètres environ du point *2*, comptez encore une fois 4 centimètres et formez un deuxième rectangle, en l'indiquant par des lignes pointillées et parallèles au premier rectangle, qui vous donnent les chiffres *3* et *4*.

De *4* à *5*, descendez la ligne de taille du 1/3 du renversement.

Exemple : longueur de taille devant .... 42 centimètres.
      longueur du dos .... 37 centimètres 1/2.
      le renversement est donc de .... 4 centimètres 1/2,

dont vous portez le 1/3, soit 1 cent. 1/2, de *4* à *5*.

Votre point d'aplomb de taille est complet.

Exemple : lacet................................ 3 centimètres.
      première pièce .... 4 centimètres.
      deuxième pièce .... 4 centimètres.
      Total .... 11 centimètres.

Occupez-vous maintenant de la ligne de poitrine, sur laquelle vous avez actuellement la même largeur que sur la ligne de taille, soit 11 centimètres.

Votre point d'aplomb de poitrine étant de 17 centimètres, il vous manque pour le compléter 6 centimètres dont vous porterez le 1/3, soit 2 centimètres, de *6* à *7*, de *8* à *9* et de *10* à *11*.

Réunissez *5* à *11* par une ligne pleine sur laquelle vous portez en partant de *5*, la hauteur du dessous de bras moins 4 centimètres ; joignez aussi *2* à *7* et *3* à *9* par des lignes pleines.

Rapprochez vos pièces à la taille en pliant votre papier, comme on vous l'a indiqué, et tracez alors votre ligne de taille.

Pour terminer le haut de vos pièces, réunissez *6* à *11*, comme l'indique la *fig. 12*.

Passez maintenant à la ligne des hanches, prise à 12 centimètres au-dessous de la ligne de taille, et cherchez la différence qui existe entre votre point d'aplomb des hanches à 12 centimètres, et votre point d'aplomb de taille.

Exemple : point d'aplomb des hanches à 12 centimètres 17 centimètres.
      point d'aplomb de la taille................ 11 centimètres.
      c'est donc le tiers de ces 6 centimètres,

soit 2 centimètres, qu'il faut ajouter à droite et gauche des lignes verticales pointillées, sur la ligne des hanches à 12 centimètres, pour trouver le point d'aplomb.

Sur la ligne des hanches, prise 20 centimètres au-dessous de la ligne de taille, procédez comme sur la ligne des hanches à 12 centimètres, mais en se basant sur le point d'aplomb des hanches à 20 centimètres.

Exemple : point d'aplomb des hanches à 20 centimètres   19 centimètres.
point d'aplomb de la taille............... <u>11 centimètres.</u>
c'est donc le tiers de ces   .8 centimètres,

soit 2 centimètres 7 mm., que vous porterez de *12* à *13*, de *15* à *14* et de *16* à *17*.

Réunissez par des lignes pleines arrondies *2* à *13*, *3* à *14* et *5* à *17*, en passant par les points trouvés aux hanches à 12 centimètres. La longueur *5* à *17* est facultative, suivant la longueur que l'on veut donner au corset.

Terminez le bas des pièces en consultant le dessin

Devant

Tracez d'abord les lignes de construction du devant, en consultant la deuxième leçon.

Comme nous allons faire quatre pièces pour le devant de ce corset, nous partirons toujours des mêmes principes, mais en basant nos divisions sur le quart du complément des tours de poitrine, taille et hanches, au lieu du tiers.

La différence de construction est si peu sensible que vous n'aurez aucune difficulté à établir ce patron.

Les lignes de construction dessinées, sortez sur la ligne de poitrine, à droite de la ligne pointillée, 1 centimètre 1/2, marquez le chiffre *1* et réunissez *10* à *1* par une ligne pleine, que vous prolongerez comme à la précédente leçon, afin de pouvoir déterminer sur ce prolongement la hauteur du corset.

Comptez maintenant de *1* vers *2*, le demi-tour de poitrine, moins le point d'aplomb de la poitrine.

Exemple : demi-tour de poitrine.................. 47 centimètres.
moins le point d'aplomb de la poitrine..... 17 centimètres.
la largeur *1-2* sera donc égale à............ <u>30 centimètres.</u>

De *10* à *3*, sur la ligne de taille, portez cette même largeur, moins 1 centimètre 1/2.

Exemple : nous avons sur la ligne de poitrine 30 centimètres, qui sont comptés entre les chiffres *1-2*, vous n'aurez donc à donner entre les chiffres *10-3* qu'une largeur de 28 centimètres 5 mm.

Joignez, à présent, *3* à *2* en prolongeant la ligne au-delà de ce dernier chiffre.

De *3* à *4*, élevez votre ligne de taille du 1/8 du demi-tour de poitrine.

Exemple : demi-tour de poitrine 47 centimètres, le 1/8 de 47 centimètres donne 5 centimètres 9 mm., que vous comptez de *3* à *4*.

Réunissez *4* à *10*, par une ligne pointillée qui devient la ligne de taille réelle (voir dessin), et indiquez ensuite les lignes des hanches à 12 et à 20 centimètres au-dessous de la ligne de taille, par des lignes parallèles à la ligne de taille *4-10*.

De *4* à *5*, portez la hauteur du dessous de bras, moins 4 centimètres, ce qui donne le point *5* et détermine la hauteur du corset sur le côté.

Donnez, de *1* à *6*, la moitié de la hauteur *2-5*, et joignez *5* à *6* par une ligne pointillée (voir la *fig. 13*).

A la moitié de cette distance, élevez de 3 à 5 centimètres, suivant que vous voudrez un corset enveloppant plus ou moins la gorge.

Tracez enfin une ligne pleine arrondie qui réunit encore *5* à *6*, en passant par l'élévation que vous venez de donner à votre corset (voir dessin).

Divisons maintenant la largeur *5-6* en quatre parties égales.

Exemple : complément du demi-tour de poitrine, 30 centimètres, soit 7 centimètres 1/2 pour chaque pièce sur cette ligne.

Laissez la division *6-7* intacte, mais tracez, au milieu des trois autres pièces, des lignes pointillées dans toute la hauteur du corset, et parallèles au côté *5-3*.

Descendez ensuite à la ligne de taille, et donnez à chaque pièce le quart du complément du demi-tour de taille.

Exemple : demi-tour de taille..................... 30 centimètres.
moins le point d'aplomb de la taille....... 11 centimètres.
c'est donc le 1/4 de ces <u>19 centimètres,</u>

soit 4 centimètres 8 mm., que vous donnerez comme largeur à chaque pièce sur la ligne de taille.

Portez une première fois ces 4 centimètres 8 mm., de *10* à *11*.

A droite et à gauche des lignes verticales pointillées, reportez cette même mesure, soit 2 centimètres 4 mm. de chaque côté, ce qui donne les points *12-13*, *14-15*, *16-17*.

Réunissez par des lignes pleines *11* à *7*, *12* à *7*, *13* à *8*, *14* à *8*, *15* à *9*, *16* à *9* et *17* à *5* en prolongeant ces lignes au-delà de la ligne pointillée *5-6* (consulter le dessin).

A la moitié de la hauteur *15-9*, et de la hauteur *16-9*, cintrez d'un demi-centimètre (voir dessin).

Ceci fait, rapprochez toutes les pièces sur la ligne de taille, en pliant le papier de manière que les lignes *16-9*, *15-9* se touchent, ainsi que *13-8* et *14-8*, *11-7* et *12-7*.

Marquez enfin par une ligne pleine votre ligne de taille (voir dessin).

Passons maintenant à la ligne des hanches prise à 12 centimètres au-dessous de la ligne de taille, et cherchons le complément du demi-tour des hanches à 12 centimètres.

Exemple : demi-tour des hanches à 12 centimètres . 46 centimètres.
oins le point d'aplomb des hanches à 12 centimètres . 17 centimètres.

complément du demi-tour des hanches est donc de . . 29 centimètres,

nt nous porterons le 1/4, moins 2 centimètres, de *18* à *19*.

Exemple : le 1/4 de 29 étant 7 centimètres 3 mm, c'est donc ce 1/4 moins centimètres, soit 5 centimètres 3 mm., que nous comptons de *18* à *19*.

Joignez par une ligne pleine *11* à *19*, en prolongeant cette ligne au-delà la ligne des hanches à 20 centimètres (voir dessin).

Puis, à droite de la première ligne pointillée, sortez 1 centimètre et arquez le chiffre *20*.

Réunissez encore *12* à *20* par une ligne pleine, en prolongeant cette ligne mme la précédente.

Donnez de *20* à *21*, le 1/4 moins 1 centimètre du complément, soit centimètres 3 mm., et réunissez *13* à *21*, toujours en prolongeant la ligne oir dessin).

Toujours à droite de la deuxième ligne verticale pointillée, ressortez 1 centimètre, ce qui vous donne le point *22*, et réunissez *14* à *22*, en donnant à cette ligne la même longueur que celle de la ligne *13-21*.

De *22-23*, porter le complément du demi-tour des hanches, moins les largeurs *18-19* et *20-21*.

Exemple : le complément du demi-tour des hanches à 12 centimètres étant de 29 centimètres, moins la largeur *18-19* et *20-21*, qui donnent ensemble 11 centimètres 6 mm., il reste à donner de *22* à *23* une largeur de 29 centimètres, moins 11 centimètres 6 mm., soit 17 centimètres 4 mm..

Faites de même pour la ligne des hanches à 20 centimètres, et réunissez *17* à *23*, en prolongeant cette ligne de la même longueur qu'à la ligne du dos *5-17*.

Joignez enfin *16* à *24*, par une ligne pleine, que vous prolongez jusqu'au bas du corset; réunissez ensuite *15* à *24* (voir le dessin).

Terminez ce corset, en arrondissant le bas comme l'indique le croquis.

✦ ✦ ✦

Corset droit en 7 pièces

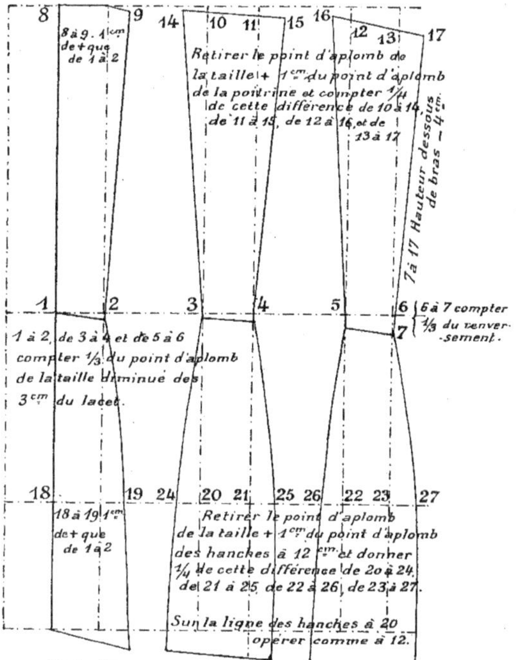

Fig. 14. —Dos.

Corset droit
en 7 pièces

❖ ❖ ❖

Mesures (Mannequin 46)

1° Longueur du dos 39
2° Hauteur du dessous de bras 22
3° Hauteur des pinces 25
4° Longueur de taille devant 43
5° Demi-tour de taille 34
6° Point d'aplomb de la taille 14
7° Demi-tour de poitrine 53
8° Point d'aplomb de la poitrine 20
9° Demi-tour des hanches 52
    (pris à 12 centimètres au-dessous de la ligne de taille).
10° Point d'aplomb des hanches 23
    (pris à 12 centimètres au-dessous de la ligne de taille).
11° Demi-tour des hanches 56
    (pris à 20 centimètres au-dessous de la ligne de taille).
12° Point d'aplomb des hanches 25
    (pris à 20 centimètres au-dessous de la taille de taille).

Corset droit en 7 pièces

Remarque

Faire ce corset pour les tailles moyennes et fortes.

Nous avons mis trois pièces au dos, car nous ne devons jamais oublier que plus la taille devient forte, plus nous devons répartir la cambrure aux pièces du dos, sans cela nous aurions un dos qui donnerait à la taille un aspect carré.

Pour le Baleinage, se reporter à la leçon « Baleinage et Assemblage des Corsets », à la fin du volume.

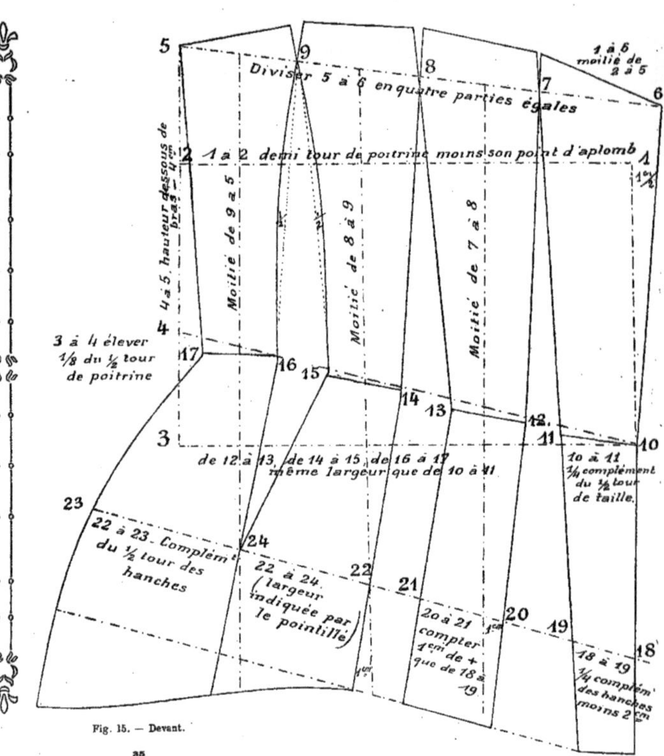

Fig. 15. — Devant.

35

Corset droit en 7 pièces

✛ ✛ ✛

EXPLICATION DE LA CINQUIÈME LEÇON

Dos

PUISQUE nous sommes dans la série des Corsets droits nous continuons par un autre modèle, car il nous faut corseter toutes les tailles et nous vous avons déjà dit qu'un même patron ne saurait convenir à toutes les femmes.

Il ne suffit pas, en effet, de procéder comme font un grand nombre de corsetières inexpérimentées, et d'agrandir ou de diminuer un patron, selon la personne que l'on doit habiller.

Trop diminué, un corset perd sa ligne ; il en est de même quand il est trop agrandi.

C'est pourquoi nous vous donnons, ici, le moyen de parer à cet inconvénient en taillant pour chacune un corset bien adapté à ses proportions et à sa conformation.

De leçon en leçon notre tâche devient plus facile puisque nous établissons la même forme de corset, mais en graduant les tailles.

Nous faisons, aujourd'hui, un corset pour tailles 46, 48 et 50; nous tracerons donc une pièce de plus qu'au modèle précédent.

Les premières leçons vous ont déjà un peu initiées et, avec un peu de patience, vous trouverez très simple ce qui, au début, vous a paru si compliqué.

Nous commençons toujours par les lignes de construction du dos.

Sur la ligne de taille, nous faisons comme pour le précédent: nous retirons, d'abord, les 3 centimètres du lacet du point d'aplomb de la taille.

Exemple : point d'aplomb de la taille . . . 14 centimètres.

lacet . . . . 3 centimètres.

reste . . . . . . 11 centimètres.

Mais, cette fois, au lieu de diviser ce reste en deux parties égales, nous le partagerons en trois, puisque nous faisons trois pièces au lieu de deux.

Chaque rectangle aura donc 3 centimètres 6 mm.

Entre chaque rectangle, laisser un écart de 10 centimètres environ, afin de pouvoir élargir les pièces sur les lignes de poitrine et des hanches; ces rectangles sont tracés en lignes pointillées dans toute la longueur du corset (voir *fig. 14*).

Sur la ligne de taille, placer à droite et à gauche des lignes pointillées, les chiffre *1* et *2*, pour le premier rectangle, *3* et *4* pour le deuxième, *5* et *6* pour le troisième.

Les largeurs *1-2*, *3-4*, *5-6* plus les 3 centimètres du lacet, donnent le point d'aplomb de la taille, soit 14 centimètres.

Passons maintenant à la ligne de poitrine.

A la première pièce à droite de la ligne pointillée, ajoutons 1 centimètre; cette mesure est toujours invariable et donne le point *9*.

Sur la ligne des hanches à 12 centimètres, donner également 1 cnetimètre à droite de la ligne pointillée et marquer le chiffre *19*.

Terminer la première pièce en réunissant *2* à *9* par une ligne droite pleine, et *2* à *19* par une ligne légèrement courbe que vous prolongez jusqu'à la ligne des hanches à 20 centimètres ou au-delà selon la longueur que l'on veut donner au corset (consulter le dessin).

Reportons-nous encore à la ligne de poitrine et additionnons les distances *8-9*, *10-11*, *12-13*, plus les 3 centimètres de lacet.

Exemple : lacet . . . .   3 centimètres.

       8-9 . . .   4 centimètres 6 mm.

       10-11 . . .   3 centimètres 6 mm.

       12-13 . . .   3 centimètres 6 mm.

         total . .   14 centimètres 8 mm. (Voir *fig. 14*)

Le point d'aplomb de la poitrine étant de 20 centimètres, il manque sur cette ligne, 5 centimètres 2 mm., dont nous portons le 1/4, soit 1 centimètres 3 mm., de *10* à *14*, de *11* à *15*, de *12* à *16* et de *13* à *17* (se reporter au dessin).

Revenez maintenant à la ligne de taille.

Descendez de *6* à *7*, le 1/3 du renversement.

Exemple : longueur de taille devant. . . . . 43 centimètres.

longueur de taille du dos . . . . 39 centimètres.

renversement . . . . 4 centimètres,

dont vous portez le 1/3, soit 1 centimètre 3 mm., de *6* à *7*.

Joignez *14* à *3*, *15* à *4*, *16* à *5* et *17* à *7*.

Portez enfin sur la ligne *7-17* la hauteur du dessous de bras, moins 4 centimètres, soit 18 centimètres, ce qui définit le point *17* ou hauteur du corset.

Rapprochez les pièces sur la ligne de taille, en pliant le papier de manière que les lignes *2-9* et *3-14*, se touchent, de même que les lignes *4-15* et *5-16*, puis arrondissez la ligne de taille, en l'indiquant par une ligne pleine comme sur le dessin.

Arrondir aussi le haut du corset (voir *fig. 14*).

Ceci fait, descendre à la ligne des hanches prise à 12 centimètres au-dessous de la ligne de taille et faire, comme pour la ligne de poitrine, c'est-à-dire additionner les largeurs *18-19*, *20-21*, *22-23*, et les 3 centimètres de lacet.

Exemple : lacet . . . . . . 3 centimètres.

18-19 . . . . . . 4 centimètres 6 mm.

20-21 . . . . . . 3 centimètres 6 mm.

22-23 . . . . . . 3 centimètres 6 mm.

total . . . 14 centimètres 8 mm.

Le point d'aplomb des hanches, pris à 12 centimètres au-dessous de la ligne de taille, étant de 23 centimètres, il manque 8 centimètres 2 mm., dont nous portons le 1/4, soit 2 centimètres, de *20* à *24*, de *21* à *25*, de *22* à *26* et de *23* à *27*.

Calculer, de même, sur la ligne des hanches, prise à 20 centimètres au-dessous de la ligne de taille, et donner à droite, et à gauche des lignes pointillées, le 1/4 du complément du point d'aplomb des hanches, pris à 20 centimètres au-dessous de la ligne de taille (voir dessin).

Exemple : point d'aplomb des hanches . . 25 centimètres.

mesure fournie par les pièces . . 14 centimètres 8 mm.

différence . . . . 10 centimètres 2 mm.

C'est donc le 1/4 de cette différence, soit 2 centimètres 5 mm., qu'il faut porter, comme sur la ligne des hanches à 12 centimètres, de chaque côté des lignes pointillées (se reporter au dessin).

Suivant la longueur que l'on veut donner au corset sur la hanche, on prolonge les pièces au-dessous de la ligne des hanches à 20 centimètres, de 5 à 10 centimètres.

Voici le dos terminé.

Devant

Passons maintenant au devant.

Si la leçon du dos de ce corset a quelque peu fatigué votre attention, il n'en sera pas de même, chères lectrices, pour la démonstration du devant.

A part les mesures qui ont augmenté pour cette taille, vous n'avez qu'à vous reporter, en tous points, à la description du devant du corset précédent.

Vous l'avez bien comprise, mais cependant, nous allons en recommencer l'explication ; n'est-il pas vrai, qu'à répéter plusieurs fois de suite la même leçon, on s'en pénètre beaucoup plus vite, et nous voulons faire de vous, lectrices, de très bonnes corsetières, dans un temps relativement très court.

Nous commençons, comme toujours, par les lignes de construction du devant.

Celles-ci tracées, nous ressortons à droite de la ligne pointillée, sur la ligne de poitrine, 1 centimètre 1/2 et nous marquons le chiffre *1*.

Joignez *10* à *1* par une ligne pleine, que vous prolongez au-delà de ce chiffre, prolongement qui servira tout à l'heure à déterminer exactement la hauteur du corset.

De *1* à *2*, largeur égale à la moitié du 1/2 tour de poitrine, diminuée du point d'aplomb de la poitrine.

Exemple : demi-tour de poitrine . . . . 53 centimètres.

point d'aplomb de la poitrine . . . 20 centimètres.

différence . . . . . . 33 centimètres.

La largeur *1* à *2* est donc égale à 33 centimètres.

Maintenant, fermons le rectangle *1*, *2*, *3*, *10*.

De *3* à *4*, élever la ligne de taille du 1/8 du 1/2 tour de poitrine.

Exemple : 1/2 tour de poitrine . . . . . 53 centimètres.

1/8 du 1/2 tour de poitrine . 6 centimètres 6 mm,

que vous portez de *3* à *4*.

Réunissez *4* à *10* par une ligne pointillée, qui donne la ligne de taille réelle.

Pour déterminer le chiffre *5*, porter de *4* à *5* la hauteur du dessous de bras, moins 4 centimètres.

De même, pour déterminer le point *6*, vous portez de *1* à *6*, sur le prolongement de la ligne *10-1*, la moitié de la distance *2-5*.

Suivant que nous voulons envelopper plus ou moins la gorge, après avoir réuni *5* à *6*, nous élevons à la moitié de cette distance de 3 à 8 centimètres (se reporter à la *fig. 15*) et nous arrondissons le haut du patron.

Nous allons tracer, maintenant, les 4 pièces qui forment l'ensemble du devant de ce corset.

Sur la nouvelle ligne de poitrine, nous divisons la largeur *5* à *6* en quatre parties égales.

Exemple : Largeur *5* à *6*, 33 centimètres; le 1/4 de 33 est de 8 centimètres 3 mm., mesure à donner à chaque pièce, ce qui détermine les points *7,8,9*.

Laissez la première division *7-6* intacte, et tracez au milieu des divisions *7-8*, *8-9* et *9-5*, des lignes pointillées parallèles au côté du rectangle de construction, en prolongeant ces lignes jusqu'au bas du dessin.

Passons à la ligne de taille, et comptons d'abord de *10* à *11*, le 1/4 du complément du 1/2 tour de taille, que nous trouvons comme suit :

Exemple : demi-tour de taille . . . . 34 centimètres.
             moins le point d'aplomb de la taille 14 centimètres.

                    différence . . . . 20 centimètres.

Le 1/4 de cette différence (20 centimètres) donne 5 centimètres que nous comptons, une première fois, de *10* à *11*.

Pour les trois autres pièces portez la moitié de cette mesure de chaque côté des lignes verticales pointillées que vous venez de tracer, soit 2 centimètres 1/2 à droite et à gauche (consulter le dessin), ce qui détermine les points *12-13*, *14-15* et *16-17*.

Réunir *11* à *7*, *12* à *7*, *13* à *8*, *14* à *8*, *15* à *9*, *16* à *9* et *17* à *5*, en prolongeant les lignes jusqu'au bord supérieur du corset.

Rapprochez toutes les pièces à la taille, en pliant le papier, et joignant les lignes, comme nous l'avons indiqué pour le dos; arrondir légèrement la ligne de taille et la tracer par une ligne pleine.

A la moitié de la hauteur *15-9* et *16-9*, cintrez chaque ligne d'un demi-centimètre (voir dessin).

La ligne de taille terminée, nous allons continuer sur la ligne des hanches à 12 centimètres.

Pour donner une silhouette gracieuse et amincissante à ce corset, il faut qu'aux hanches les pièces soient plus étroites, sur le bord du devant que sur le côté.

Nous allons comme pour la taille, chercher le 1/4 du complément du demi-tour des hanches.

Exemple : demi-tour des hanches . . . . 52 centimètres.
             moins le point d'aplomb des hanches. . 23 centimètres.

                    différence . . . . 29 centimètres.

Le quart est donc de 7 centimètres 3 mm.

Pour la ligne de taille, nous avons donné le 1/4 juste à chaque pièce, mais, ici, précisément, pour obtenir la ligne droite dont nous parlions tout à l'heure, nous donnerons à la première pièce de *18* à *19*, le 1/4 moins 2 centimètres, soit 5 centimètres 3 mm.

Réunir *11* à *19*, en prolongeant jusqu'au-delà de la ligne des hanches à 20 centimètres.

Passons maintenant à la deuxième pièce; comptons 1 centimètre en dehors de la ligne pointillée, puis réunissons *12* à *20*.

De *20* à *21*, donnons le 1/4 moins 1 centimètre, soit 6 centimètres 3 mm. c'est-à-dire 1 centimètre de plus qu'à la première pièce; réunissons *13* à *21*.

Pour la troisième pièce, ressortons 1 centimètre à droite de la ligne pointillée et joignons *14* à *22*.

De *22* à *23*, donner le complément du 1/2 tour des hanches, pris à 12 centimètres au-dessous de la taille.

Exemple : complément du 1/2 tour des hanches   29 centimètres
             moins les largeurs *18-19* et *20-21* . . 11 centimètres 6 mm.

                    reste . . . . . . 17 centimètres 4 mm.

C'est donc 17 centimètres 4 mm., qu'il faut porter de *22* à *23*.

Réunir d'abord *15* à *24*, c'est-à-dire au point de jonction de la ligne pointillée verticale avec la ligne des hanches à 12 centimètres (consulter la *fig. 15*).

Réunir également *16* à *24*, en prolongeant cette ligne jusqu'au bas du corset.

Enfin, joindre *17* à *23*, par une ligne courbe en lui donnant la même longueur qu'à la ligne 7 à *27* du dos.

Arrondir le bas du corset à volonté (consulter le croquis) et voici le patron de ce corset complètement terminé.

✤ ✤ ✤

Corset en Tricot (3 pièces)

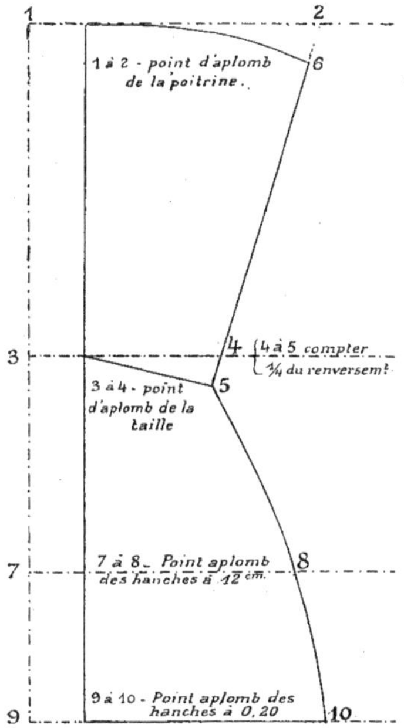

Fig. 16. — Dos.

Corset en Tricot (3 pièces)

Mesures — (Mannequin 40)

1° Longueur du dos	37
2° Hauteur du dessous de bras	22
3° Hauteur des pinces	23
4° Longueur de la taille devant	41
5° Demi-tour de taille	28
6° Point d'aplomb de la taille	10
7° Demi-tour de poitrine	45
8° Point d'aplomb de la poitrine	16
9° Demi-tour des hanches (pris à 12 centimètres au-dessous de la ligne de taille)	44
10° Point d'aplomb des hanches (pris à 12 centimètres au-dessous de la ligne de taille)	16
11° Demi-tour des hanches (pris à 20 centimètres au-dessous de la ligne de taille)	47
12° Point d'aplomb des hanches (pris à 20 centimètres au-dessous de la ligne de taille)	18

Corset en Tricot ===
=== (3 pièces)

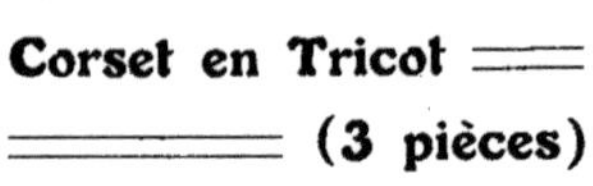

✛ ✛ ✛

Remarque

Ce corset, n'ayant que trois pièces, ne peut réellement se faire qu'en tricot.

Il convient, surtout, aux personnes souffrantes, ou comme corset de repos.

L'assemblage est d'ailleurs tout-à-fait différent que celui des modèles précédents.

Au lieu de faire des coutures comme aux autres corsets, il faut rapprocher les bords du tissu de chaque pièce par un surjet plat, assez lâche, pour éviter qu'ils ne remontent l'un sur l'autre.

Il existe, du reste, des machines spéciales, dans le genre des machines à gants, pour assembler les corsets en tricot.

Quant aux garnitures, on en fait de spéciales en tricot, assez extensibles pour pouvoir suivre le mouvement du corset.

On fait aussi des jarretelles tissées en tricot.

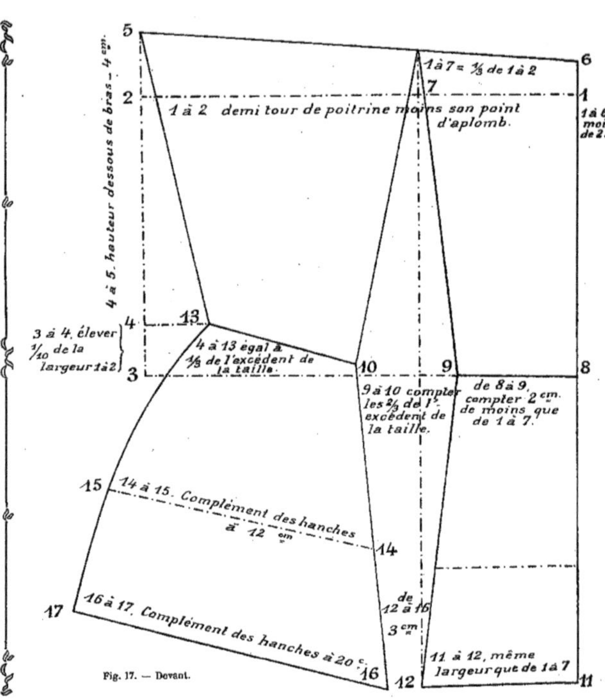

Fig. 17. — Devant.

Corset en Tricot (3 pièces)

EXPLICATION DE LA SIXIÈME LEÇON

Dos

NOUS allons faire, maintenant, un corset tout-à-fait simple, pour vous reposer un peu des longues démonstrations précédentes.

S'il vous arrive de corseter une personne souffrante, ou n'aimant pas à être maintenue, vous pourrez le lui proposer.

Les hygiénistes l'imposent, du reste, à toutes les femmes de santé fragile.

Il est bien entendu, une fois pour toutes, que toujours, lorsque vous travaillerez du tissu en tricot vous diminuerez 1/4 ou 1/5, suivant sa tension, mais que cette précaution ne s'applique qu'aux mesures en largeur; vous laisserez toujours les mesures de longueur intactes.

Prenons, comme exemple, les mesures de ce corset :

Longueur du dos............	37,	ne rien diminuer.
Hauteur du dessous de bras..	22,	*dito*
Hauteur des·pinces..........	23,	*dito*
Longueur du devant........	41,	*dito*

Le demi-tour de taille étant une mesure en largeur, vous diminuerez le point d'aplomb de la taille de son 1/5.

Exemple : 1/5 de 10 = 2 centimètres; il vous restera 8 centimètres pour le point d'aplomb de la taille.

Vous ferez de même pour le complément du demi-tour de taille du devant.

Exemple : Complément du demi-tour de taille, 18 centimètres, moins son 1/5 (3 centimètres 6 mm.), c'est-à-dire 14 centimètres 4 mm.

Enlevez du point d'aplomb de la poitrine, qui est de 16 centimètres, son 1/5, soit3 centimètres 2 mm., vous n'aurez plus que 12 centimètres 8 mm.

Faites de même pour le complément du demi-tour de poitrine.

Exemple : 45 centimètres, moins 16 du point d'aplomb de poitrine, soit 29 centimètres, dont vous déduirez le 1/5. c'est-à-dire 5 centimètres 8 mm.

Le rectangle du devant mesurera donc 23 centimètres 2 mm.

Procédez pareillement pour le demi-tour des hanches pris à 12 centimètres au-dessous de la ligne de taille, et celui pris à 20 centimètres au-dessous de la ligne de taille.

Ceci dit, tracez vos lignes de construction du dos sans oublier les 3 centimètres du lacet, et portez sur la ligne 3, vers 4, le point d'aplomb de la taille, diminué de son 1/5, soit 8 centimètres.

Sur la ligne de poitrine, comptez de *1* à *2*, le point d'aplomb de la poitrine, moins son 1/5, soit 12 centimètres 8 mm. Joindre *2* à *4* en prolongeant la ligne au-dessous de la ligne de taille; prolongement sur lequel vous portez, de *4* à *5*, le 1/4 du renversement.

Bien noter qu'ici, c'est le 1/4 du renversement, au lieu du 1/3.

Le *renversement* est, vous vous en souvenez, la différence qui existe entre la longueur du dos et la longueur du devant, nous n'y reviendrons donc plus par la suite.

Exemple : longueur de la taille devant.....	41 centimètres.
longueur du dos................	37 centimètres.
différence.........	4 centimètres,

dont nous portons le quart, soit 1 centimètre, de *4* à *5*.

Arrondir ensuite la ligne de taille (voir *fig. 16*).

Sur la ligne 5-2, portez de *5* à *6* la hauteur du dessous de bras, moins 4 centimètres, et dessinez le haut du corset.

Sur la ligne des hanches, prise à 12 centimètres au-dessous de la ligne de taille, comptez de *7* à *8*, le point d'aplomb des hanches à 12 centimètres, qui est de 16 centimètres, moins son 1/5 (3 centimètres 2 mm.), soit 12 centimètres 8 mm.

Sur la ligne des hanches, prise à 20 centimètres au-dessous de la ligne de taille, donnez de *9-10*, le point d'aplomb des hanches à 20 centimètres, c'est-à-dire 18 centimètres, moins son 1/5 (3 centimètres 6 mm.), soit 14 centimètres 4 mm.

Réunissez enfin *5* à *10*, en passant par *8*, par une ligne pleine légèrement arrondie, en donnant au côté du corset la longueur que vous voudrez et le dos est complètement fini.

Passons maintenant au devant.

Devant

Vos lignes de construction terminées, donnez sur la ligne de poitrine, de *1* vers *2*, le complément du demi-tour de poitrine.

Exemple : demi-tour de poitrine.................. 45 centimètres.

        moins le point d'aplomb de la poitrine.. 16 centimètres.

                        différence... 29 centimètres.

Retirez encore le 1/5 de ces 29 centimètres, soit 5 centimètres 8 mm. Votre rectangle mesurera donc, sur la ligne horizontale, 23 centimètres 2 mm.

Réunissons *1*, *2*, *3* et *8* pour fermer le rectangle.

De *3* à *4*, élevez la ligne de taille du 1/10 de la largeur *1-2* et réunir *4* à *8* par une ligne pointillée (voir *fig. 17*).

De *4* à *5*, portez la hauteur du dessous de bras, moins 4 centimètres.

De *1* à *6*, donnez la moitié de la hauteur *2-5* et réunissez *5* à *6* par une ligne pleine.

Pour dessiner la première pièce vous donnerez, de *1* à *7*, le tiers de *1* à *2*.

Exemple : Vous avez de *1* à *2*, 23 centimètres 2 mm., prenez-en le 1/3, soit 7 centimètres 8 mm., que vous portez de *1* à *7*.

De ce point *7*, abaissez une ligne pointillée parallèle à la ligne de construction *6-8*, jusqu'au bas du corset.

Sur la ligne de taille réelle, de *8* à *9*, comptez 2 centimètres de moins que de *1* à *7*, soit 5 centimètres 8 mm., et joignez *9* au point de jonction de la verticale passant par *7*, avec le haut du corset *5-6*.

Sur la ligne des hanches, prise à 20 centimètres au-dessous de la ligne de taille, de *11* à *12*, reportez la même largeur que de *1* à *7*, soit 7 centimètres 8 mm., et joignez *9* à *12* par une ligne pleine.

Cette première pièce terminée, il faut chercher ce qui manque pour compléter le demi-tour de taille et le donner à la deuxième pièce sur la ligne de taille.

Exemple : demi-tour de taille, 28 centimètres, diminué de son 1/5, qui est de 5 centimètres 6 mm., reste 22 centimètres 4 mm., sur lesquels nous avons pris déjà 8 centimètres comme point d'aplomb de la taille. Ajoutez, à ces 8 centimètres, les 5 centimètres 8 mm. fournis par la première pièce du devant et vous trouvez, en tout, 13 centimètres 8 mm.

La deuxième pièce aura donc, comme largeur, le complément du 1/2 tour de taille, c'est-à-dire la différence entre 13 centimètres 8 mm. et 22 centimètres 4 mm., soit 8 centimètres 6 mm.

Nous allons supprimer, ensuite, ce qu'il y a en trop sur la ligne de taille, c'est-à-dire l'excédent, en comptant ce qu'il y a de distance de *4* à *9*.

Exemple : la distance *4-9* est de............ 20 centimètres.

        moins la largeur de la deuxième

        pièce....................... 8 centimètres 6 mm.

                excédent..... 11 centimètres 4 mm.

Nous comptons 1/3 de cet excédent, soit 3 centimètres 8 mm., et nous la portons de *4* à *13*, puis nous réunissons *13* à *5*.

Ensuite, porter de *13* à *10* la largeur que doit avoir la deuxième pièce, soit 8 centimètres 6 mm. Ainsi, les deux autres tiers de l'excédent se trouvent pris d'eux-mêmes de *9* à *10*.

Réunir encore *10* à *7*, à l'extrémité de la première pièce, rapprocher les pièces et arrondir à la taille, comme nous vous l'avons déjà indiqué.

Sur la ligne des hanches prise à 20 centimètres au-dessous de la ligne de taille, donnez, à gauche du chiffre *12*, un écart de 3 centimètres et marquez le chiffre *16*, puis joignez *10* à *16*.

Comptez de *14* à *15*, sur la ligne des hanches prise à 12 centimètres au-dessous de la ligne de taille, le complément du demi-tour des hanches à 12 centimètres.

Exemple : Point d'aplomb des hanches à 12 centimètres : 12 centimètres 8 mm., plus la largeur de la première pièce du devant, sur la ligne des hanches à 12 ; additionnez et ajoutez ce qui manque du complément des hanches à 12 centimètres, de *14* à *15*.

Faire de même sur la ligne des hanches prise à 20 centimètres au-dessous de la ligne de taille, et donner le complément de *16* à *17*.

Réunissez enfin *13* à *17*, en passant par *15*, par une ligne pleine arrondie, en ayant soin de donner la même longueur à cette ligne qu'à la ligne des hanches du dos *5-10*, et terminer le bas comme l'indique le dessin.

Le corset est maintenant fini.

+ + +

Corset Médical (2 pièces)

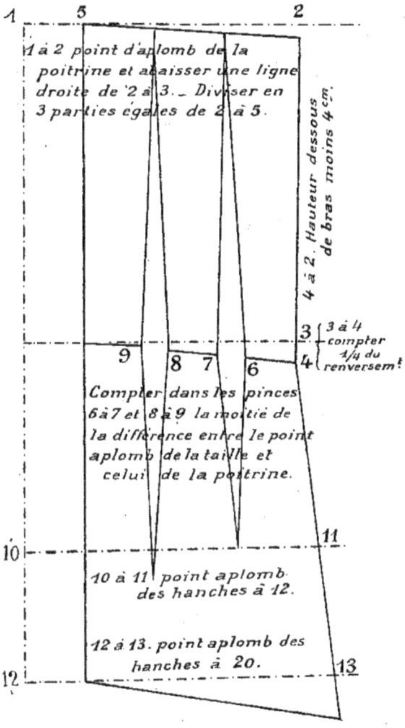

Fig. 18. — Dos.

Corset Médical

(2 pièces)

Mesures (Mannequin 40)

Corset Médical

(2 pièces)

✧ ✧ ✧

Remarque

Ce modèle convient, comme celui en tricot, aux personnes souffrantes, ou ne voulant pas être gênées par le port du corset.

Son exécution en est des plus faciles; il n'a que deux pièces, l'une pour le dos, l'autre pour le devant.

La cambrure est donnée par des pinces qui se terminent à 12 et à 15 centimètres au-dessous de la ligne de taille. Pour le haut du corset, les pinces se terminent sur la ligne de poitrine (consulter les dessins).

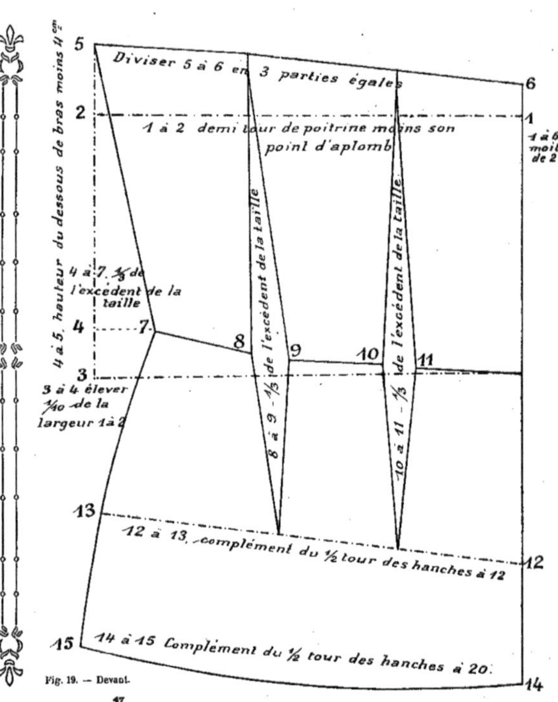

Fig. 19. — Devant.

Corset Médical (2 pièces)

+ + +

EXPLICATION DE LA SEPTIÈME LEÇON

Dos

L'EXÉCUTION de ce corset est si peu compliquée, que notre leçon, chères lectrices, sera vivement terminée.

Traçons d'abord les lignes de construction du dos.

Portons sur la ligne de poitrine, de *1* à *2*, le point d'aplomb de la poitrine qui est, ici, de 16 centimètres.

Abaissons, de ce point, une ligne droite verticale jusqu'à la ligne de taille.

Divisons, sur la ligne poitrine, la largeur *5-2* en trois parties égales et passons ensuite à la ligne de taille.

Le point d'aplomb de la taille étant de 10 centimètres, nous avons donc sur cette ligne 6 centimètres en trop puisqu'elle a la *même largeur* que la ligne *1-2*.

Déduisons d'abord, les 3 centimètres de lacet; il faut encore pour compléter le point d'aplomb de taille, 7 centimètres; diviser ces 7 centimètres en 3 parties égales ce qui donne 2 centimètres 3 mm., pour la largeur de chaque pièce.

Donnons, une première fois, ces 2 centimètres 3 mm., en partant de la ligne pleine du lacet et réunissons avec la 1re division du haut.

De *4* à *6*, donnons une deuxième fois ces 2 centimètres 3 mm., et joignons aussi avec le haut (voir *fig. 18*).

Nous placerons l'autre tiers, soit 2 centimètres 3 mm, à la moitié de la distance qui existe de *6* à *9* et nous joindrons les points trouvés à la 2e et 3e divisions du haut (voir dessin).

Porter de *3* à *4*, le 1/4 du renversement.

Exemple : longueur de la taille devant..... 41 centimètres.

longueur du dos.............. 37 centimètres.

le renversement est donc de.. 4 centimètres,

dont le 1/4, soit 1 centimètre, sera donné comme longueur de *3* à *4*.

Porter ensuite, sur la ligne *4-2*, la hauteur du dessous de bras, moins 4 centimètres, ce qui détermine la partie supérieure du corset; puis, réunir le point *2* au point *5*.

De cette façon, l'excédent se trouve pris de lui-même dans les pinces.

Plions ces pinces, et indiquons la ligne de taille réelle par une ligne pleine (voir dessin).

Sur la ligne des hanches, prise à 12 centimètres au-dessous de la ligne de taille, donnons le point d'aplomb des hanches à 12 centimètres, qui est de 16 centimètres.

Faisons, de même sur la ligne des hanches, prise à 20 centimètres au-dessous de la ligne de taille : point d'aplomb des hanches à 20 centimètres, soit 18 centimètres.

Réunir *4* à *13*, en passant par *11*, et en prolongeant la ligne de la longueur que l'on veut donner au corset sur la hanche.

Consulter le dessin pour les pinces : la première se termine, environ, à 15 centimètres au dessous de la ligne de taille, la deuxième à 12 centimètres.

Le bas du corset terminé, comme l'indique le dessin, passons au tracé du devant.

Devant

Etablissons, d'abord, les lignes de construction du devant et donnons comme largeur au rectangle, de *1* à *2*, le complément du demi-tour de poitrine, moins son point d'aplomb.

Exemple : demi-tour de poitrine.................. 45 centimètres.

moins le point d'aplomb de la poitrine.. 16 centimètres.

soit....... 29 centimètres.

C'est donc 29 centimètres que nous portons de *1* à *2*.

Fermons le rectangle comme d'habitude.

De *3* à *4*, élever la ligne de taille du 1/10 de la largeur du rectangle.

Exemple : largeur du rectangle, 29 centimètres, dont le 1/10 est de 2 centimètres 9 mm.

Nous comptons donc, de *3* à *4*, 2 centimètres 9 mm. et nous indiquons la ligne de taille réelle par une ligne pointillée.

Portons sur la ligne *4-2*, et sur son prolongement, de *4* à *5*, la hauteur du dessous de bras, moins 4 centimètres; c'est cette mesure de la hauteur du dessous de bras qui détermine le point *5*.

De *1* à *6*, porter la moitié de la hauteur *2-5* et joindre *5* à *6*, par une ligne pleine qui limite le haut du corset; diviser ensuite la largeur *5-6* en trois parties égales (voir *fig. 19*).

Redescendons à la ligne de taille.

Le demi-tour de taille étant de 28 centimètres, et le point d'aplomb de la taille ayant déjà donné 10 centimètres, il reste 18 centimètres de complément de tour de taille pour le devant.

Le rectangle mesurant sur la ligne de taille 29 centimètres, nous avons donc 11 centimètres d'excédent, qui, divisés en 3, donnent 3 centimètres 6 mm.

Divisons également les 18 centimètres qui forment le complément du demi-tour de taille, en 3 parties égales, soit 6 centimètres. Chaque pièce aura donc 6 centimètres .

Occupons-nous maintenant d'enlever le 1/3 de l'excédent entre chacune des pièces.

De *4* à *7*, comptons le 1ᵉʳ tiers, soit 3 centimètres 6 mm., et réunissons *7* à *5* par une ligne pleine.

Revenons sur la ligne de taille ; donnons, de *7* à *8*, une largeur égale au 1/3 du complément du demi-tour de taille, soit 6 centimètres, et réunissons avec la première division du haut (voir dessin).

Donner ensuite, comme profondeur, à la pince, un 1/3 de l'excédent,

qui est de 3 centimètres 6 mm., et marquer le chiffre *9*, qu'il faut réunir avec l'extrémité de la ligne que vous venez de tracer à partir de *8*.

De *9* à *10*, donner encore 6 centimètres et marquer *10*; réunir *10* à la seconde division.

Du bord du rectangle, compter vers *11* encore 6 centimètres et joindre à l'extrémité de la ligne que vous venez de tracer en partant de *10*; le troisième 1/3 se place de lui-même dans cette pince.

Plier les pinces et dessiner la ligne de taille.

Sur la ligne des hanches, prise à 12 centimètres au-dessous de la ligne de taille, donner de *12* à *13*, le complément du demi-tour des hanches à 12 centimètres.

Exemple : demi-tour des hanches à 12 . . . . 44 centimètres.
moins le point d'aplomb des hanches à 12. 16 centimètres.

soit . . . . 28 centimètres.

Portons donc, de *12* à *13*, ces 28 centimètres.

Sur la ligne des hanches, prise à 20 centimètres au-dessous de la ligne de taille, opérer de même, mais en donnant de *14* à *15*, le complément du demi-tour des hanches à 20 centimètres.

Exemple : demi-tour des hanches à 20 . . . . 47 centimètres.
moins le point d'aplomb des hanches à 20. 18 centimètres.

soit . . . . 29 centimètres,

à porter de *14* à *15*.

Voir la *fig. 19* pour terminer les pinces.

Réunir *7* à *15*, en passant par *13*, par une ligne courbe, en donnant à cette ligne la même longueur qu'à la ligne *4* à *13* du dos, ces deux lignes devant être assemblées l'une à l'autre.

Terminer le corset en joignant *14* à *15* comme l'indique le dessin.

Pour l'assemblage, se reporter à la leçon générale à la fin du volume.

✦ ✦ ✦

Corset Louis XV

en 9 pièces (avec goussets)

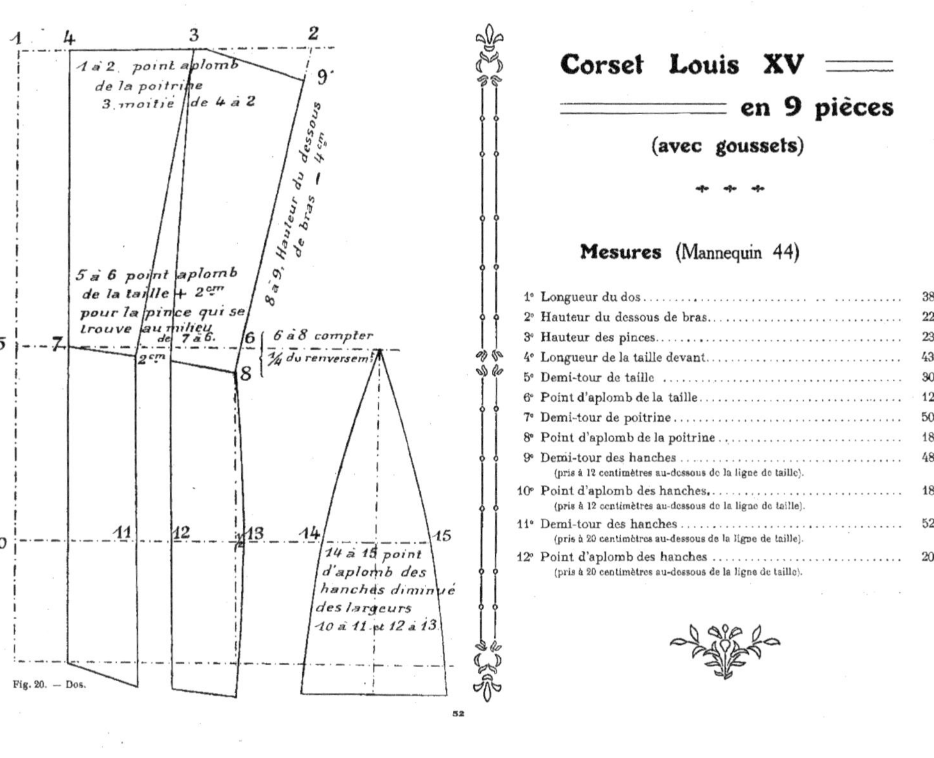

Fig. 20. — Dos.

Corset Louis XV
en 9 pièces
(avec goussets)

✤ ✤ ✤

Mesures (Mannequin 44)

1° Longueur du dos	38
2° Hauteur du dessous de bras	22
3° Hauteur des pinces	23
4° Longueur de la taille devant	43
5° Demi-tour de taille	30
6° Point d'aplomb de la taille	12
7° Demi-tour de poitrine	50
8° Point d'aplomb de la poitrine	18
9° Demi-tour des hanches (pris à 12 centimètres au-dessous de la ligne de taille).	48
10° Point d'aplomb des hanches. (pris à 12 centimètres au-dessous de la ligne de taille).	18
11° Demi-tour des hanches (pris à 20 centimètres au-dessous de la ligne de taille).	52
12° Point d'aplomb des hanches (pris à 20 centimètres au-dessous de la ligne de taille).	20

Corset Louis XV
en 9 pièces
(avec goussets)

‑ ‑ ‑

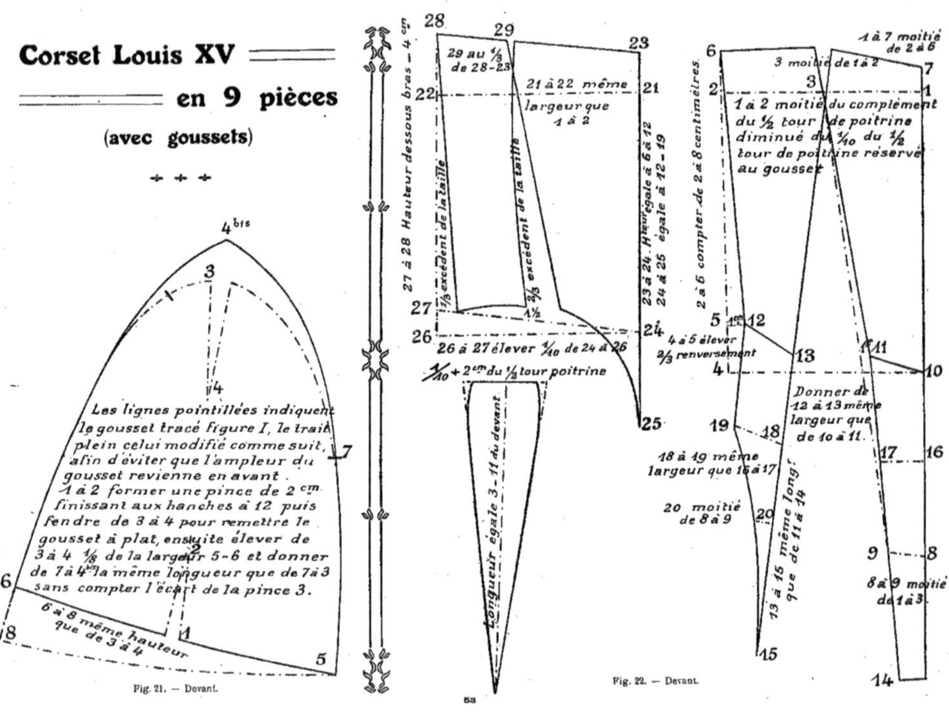

Fig. 21. — Devant.

Fig. 22. — Devant.

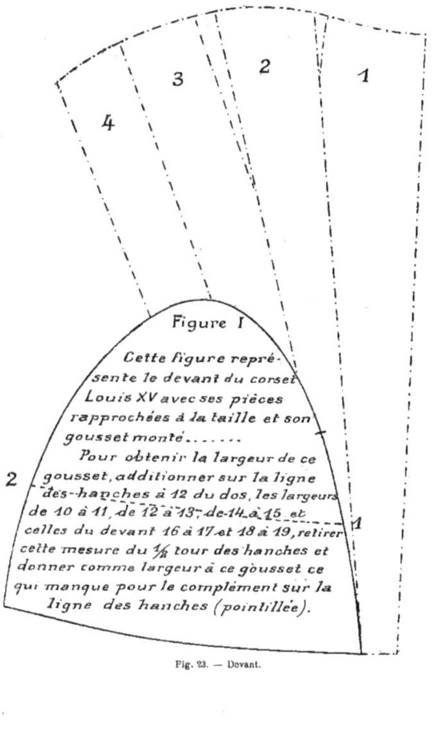

Fig. 23. — Devant.

Corset Louis XV en 9 pièces

(avec goussets)

+ + +

EXPLICATION DE LA HUITIÈME LEÇON

Dos

LE nombre de pièces de ce corset nous ayant obligé à supprimer la remarque, nous allons la donner au début de cette leçon.

Tout d'abord, pourquoi nommons-nous ce corset *Louis XV*? Mais pour cette raison fort simple, c'est qu'au règne de Louis XV, et même pendant celui de Louis XIV, la mode imposait aux femmes de se corseter de manière à avoir la taille très longue devant, à faire valoir les hanches, et, principalement à avoir la taille très fine.

Mais surtout, lectrices, n'allez pas croire que nous reproduisons, ici, l'instrument de torture qu'étaient les corsets, sous Louis XV, car notre modèle, s'il en est un diminutif, présente cependant les même avantages que tous les corsets droits actuels, car il ne comprime aucun organe; c'est seulement un peu sa coupe et surtout son baleinage (consulter la leçon assemblage et baleinage des corsets), qui nous le font comparer à ses prédécesseurs.

Ceci dit, commençons l'exécution du patron, en conservant toujours les mêmes lignes de construction.

Sur la ligne de poitrine du dos, portons, de *1* à *2*, le point d'aplomb de la poitrine qui est de 18 centimètres

Toujours sur la ligne de poitrine, plaçons le chiffre *3*, à la moitié de *1* à *2* : le dos de ce corset étant composé de 2 pièces.

Sur la ligne de taille, de *5* à *6*, la distance est égale au point d'aplomb de la taille, plus 2 centimètres, que l'on reprendra dans une pince, à la moitié de *7* à *6* (voir *fig. 20*).

Exemple : point d'aplomb de la taille .... 12 centimètres.
2 centimètres pour la pince........ 2 centimètres.
la largeur *5-6* est de..... 14 centimètres.

Réunir *2* à *6*, en prolongeant légèrement la ligne.

De *6* à *8*, compter le 1/4 du renversement : c'est cette mesure qui donne le point *8*.

Exemple : longueur de taille devant .... 43 centimètres.
longueur du dos .... 38 centimètres.
renversement..... 5 centimètres.

C'est donc du 1/4 de ce renversement, soit de 1 centimètre 2 mm., que nous descendons la ligne de taille, de *6* à *8*.

Fermer la pince, en réunissant l'extrémité de chaque pièce au chiffre *3*; plier les pièces, arrondir la ligne de taille, et porter la hauteur du dessous de bras, moins 4 centimètres, de *8* à *9*.

Terminer le haut en arrondissant de *4* à *9*.

Pour les hanches, abaisser l'extrémité de chaque pièce, en partant de la ligne de taille, et dans toute la longueur du corset, des verticales. Celle qui part du point *8*, doit être arrondie comme l'indique le dessin.

Terminer le bas du corset par deux lignes pleines.

Maintenant, il faut s'occuper du gousset.

GOUSSET DU DOS :

Traçons une ligne verticale pointillée, partant de la ligne de taille, jusqu'au bas du corset.

Puis donnons, comme largeur, sur la ligne des hanches à 12 centimètres au-dessous de la ligne de taille, de *14* à *15*, le point d'aplomb des hanches à 12 centimètres, moins les largeurs *10-11* et *12-13* des pièces du dos, sur les hanches (consulter *fig. 20*).

Exemple : point d'aplomb des hanches....... 18 centimètres.
largeur fournie par *10-11* + *12-13*... 12 centimètres.
largeur *14-15* ou différence... 6 centimètres.

C'est donc la moitié de cette différence qu'il faut porter, à droite et à gauche de la ligne pointillée, c'est-à-dire 3 centimètres de chaque côté.

Faire de même sur la ligne des hanches à 20 centimètres, mais en calculant sur le point d'aplomb des hanches à 20 centimètres.

Pour finir ce gousset, réunir par des lignes légèrement arrondies, les points *14* et *15* au sommet du gousset, en finissant au-dessous de la ligne des hanches (voir dessin).

Ce gousset est destiné à être placé entre les chiffres *11* et *12*.

Devant

Nous passons, à présent, au tracé du devant dont nous allons commencer par dessiner les deux premières pièces (*fig. 22*).

Pour celles-ci, chères lectrices, suivons bien le dessin, car il diffère des précédents.

Les lignes de construction terminées, donnons comme largeur de *1* à *2*, la moitié du complément du 1/2 tour de poitrine, diminué du 1/10 du 1/2 tour de poitrine réservé du gousset.

Exemple : 1/2 tour de poitrine................. 50 centimètres.
moins le point d'aplomb de la poitrine. 18 centimètres.
différence ou complément du 1/2 tour de poitrine.................... 32 centimètres.

Ce complément, ainsi déterminé, nous en déduisons 1/10 du 1/2 tour de poitrine, que nous réservons pour le gousset de poitrine.

Exemple : 1/2 tour de poitrine................. 50 centimètres.
1/10 du 1/2 tour de poitrine.......... 5 centimètres.

Ce sont donc ces 5 centimètres que l'on doit retirer du complément qui est de 32 centimètres.

Exemple : complément du 1/2 tour de poitrine... 32 centimètres.
1/10 du 1/2 tour de poitrine.......... 5 centimètres.
reste......... 27 centimètres.

Prenons la moitié de ce reste, soit 13 centimètres 5 mm. ; nous le donnons comme largeur de *1* à *2*.

Le chiffre *3* se trouve à la moitié de *1* à *2*; traçons ensuite le rectangle *1, 2, 4, 10* (voir *fig. 22*).

De *4* vers *5*, élever la ligne de taille des 2/3 du renversement.

Exemple : longueur de taille devant............. 43 centimètres.
longueur du dos.................... 38 centimètres.
renversement........ 5 centimètres.

Les 2/3 de 5 centimètres étant de 3 centimètres 2 mm., nous les comptons de *4* à *5*, puis nous réunissons *5* à *10*, par une ligne pointillée qui devient la ligne de taille réelle.

Tracez les lignes des hanches à 12 et 20 centimètres au-dessous de la ligne de taille.

Sur la ligne de poitrine, de *2* vers *6*, compter de 2 à 8 centimètres, suivant la hauteur que l'on veut donner au milieu du corset sur le devant.

De *1* à *7*, donner la moitié de la hauteur *2-6*; réunir ensuite *6* à *7* (consulter le dessin).

Continuons, en terminant la première pièce du devant sur la ligne des hanches, prise 12 centimètres au-dessous de la ligne de taille, (donner comme largeur de *8* à *9* la moitié de *1* à *3*, soit 3 centimètres 3 mm.,), en prolongeant jusqu'à la ligne des hanches à 20 centimètres, ce qui donne le chiffre *14*.

Réunir *3* à *9* par une ligne pointillée; cintrer cette pièce de 1 centimètre sur là ligne de taille (se reporter au dessin), et réunir *3* à *11* ainsi que *11* à *14* par des lignes pleines.

Au chiffre *5*, compter 1 centimètre à droite de la ligne pointillée, marquer le chiffre *12*, puis réunir par une ligne pleine *12* à *6*.

Donner à cette deuxième pièce, sur la ligne de taille, une largeur égale à la première de *10* à *11*, ce qui donne la largeur *12-13* (voir le dessin).

Réunir *3* à *13* en continuant la ligne jusqu'au bas du dessin, donner la même longueur de *13* à *15* que de *11* à *14* (voir *fig. 22*).

Reportons-nous, maintenant, à la première pièce et comptons 7 centimètres au-dessous de la ligne de taille de *10* à *16* et de *11* à *17*, afin de déterminer la largeur de la deuxième pièce, à la même distance de la ligne de taille.

Ceci fait, comptons 7 centimètres, de *13* à *18* et de *12* à *19* à la deuxième pièce, et donnons la même largeur de *18* à *19* que de *16* à *17*.

Réunissons enfin *19* à *15* par une ligne légèrement courbe, qui laisse, sur la ligne des hanches à 12 centimètres, au point *20*, une largeur égale à la moitié de *8* à *9*.

Passons maintenant au tracé des deux autres pièces du devant *(fig. 22)*.

Etablissons d'abord le rectangle fondamental en lui donnant la même largeur qu'à celui que vous avez tracé précédemment, et comme hauteur, une longueur égale à *2-12*, soit sur la ligne horizontale 13 centimètres 5 mm., et sur la verticale 14 centimètres 5 mm.

Prolongez le côté *21-24*, que vous tracez en ligne pleine, au-dessus et au-dessous du rectangle.

Sur ces prolongements, de *21* à *23* et de *24* à *25*, donnez respectivement les hauteurs *6-2* et *12-19*.

Elever la ligne de taille, de *26* à *27*, du 1/10 de la largeur du rectangle.

    Exemple : largeur du rectangle de *24* à *26*, 13 centimètres 5 mm., dont nous prenons le 1/10, soit 1 centimètre 3 mm., que nous portons de *26* à *27*.

Réunir *27* à *24* par une ligne pointillée, qui devient ligne de taille réelle. De *27* à *28*, hauteur du dessous de bras, moins 4 centimètres, et réunir *28* à *23* par une ligne pleine (voir dessin).

Pour déterminer ces deux dernières pièces, donnons de *28* à *29*, le 1/3 de la largeur *23-28*.

    Exemple : largeur *23-28*, 13 centimètres 5 mm., dont le 1/3, soit 4 centimètres 5 mm., est porté de *28* à *29*.

Cherchons, maintenant, ce qu'il faut donner, comme largeur, à chacune de ces pièces, sur la ligne de taille.

    Exemple :

additionnons le point d'aplomb de la taille	12 centimètres.
avec les largeurs *10-11* et *12-13* des deux précédentes pièces du devant	8 centimètres.
total	20 centimètres.

Le demi-tour de taille étant de 30 centimètres, il manque donc 10 centimètres pour le complément.

Le rectangle mesurant, sur la ligne de taille, de *27* à *24*, 13 centimètres 5 mm., nous avons donc 3 centimètres 5 mm. d'excédent, que nous répartirons comme suit :

    Exemple : le 1/3 de 3 centimètres 5 mm. est de 1 centimètre 2 mm., qui doit être porté à droite de *27*.

Réunir ce nouveau point, par une ligne pleine, à *28* qui est placé à la hauteur du dessous de bras, moins 4 centimètres.

De ce point, compter la moitié du complément du demi-tour de taille, qui est de 5 centimètres.

Réunir à *29* par une ligne pleine.

Pour terminer l'autre pièce sur la ligne de taille, donner en partant de de *24*, 5 centimètres, soit l'autre moitié du complément de la taille; joindre le point trouvé à *29* (voir dessin).

Les autres 2/3 de l'excédent se trouvent placés d'eux-mêmes dans cette pince.

Plions le papier pour fermer la pince, et réunissons à *25*, en arrondissant la ligne de taille, qui sera élevée de 1 centimètre 1/2, entre les deux pièces (se reporter à la *fig. 22*).

Passons enfin au gousset de poitrine, qui sera placé entre les deux premières pièces du devant, partant du chiffre *3* pour se terminer sur la ligne de taille *11-13*.

Traçons une ligne verticale pointillée ayant une longueur égale à *3-11*.

Donnons comme largeur du haut du gousset, 1/10 du demi-tour de poitrine, plus 2 centimètres, pour donner plus d'aisance à la poitrine.

Terminer le gousset, en arrondissant les angles (consulter la *fig. 22*).

Vous vous souvenez, chères lectrices, que nous avions réservé cette largeur au début de l'explication du devant : la voici utilisée.

Pour terminer la leçon, il ne reste plus qu'à tracer le gousset des hanches, qui sera basé sur le complément du demi-tour des hanches pris à 12 et à 20 centimètres au-dessous de la ligne de taille.

Nous commencerons par découper entièrement le devant du patron ; nous en rapprocherons toutes les pièces à la taille (comme l'indique le dessin pointillé de la *fig. 23*).

Ceci fait, pour trouver la largeur *1* à *2* du gousset, prise sur la ligne des hanches à 12 centimètres au-dessous de la ligne de taille, il faut déduire, d'abord, le point d'aplomb des hanches à 12 centimètres, plus les largeurs des deux pièces du devant, sur la ligne des hanches à 12 centimètres, c'est-à-dire, les largeurs de *8* à *9*, et *20*.

Exemple : point d'aplomb des hanches à 12   18 centimètres.
       largeur fournie de *8* à *9*......   3 centimètres 3 mm.
       largeur fournie par 20 ....   1 centimètre 6 mm.
               total........   22 centimètres 9 mm.

Le demi-tour des hanches mesurant 48 centimètres, il faut donner la différence de *1* à *2*.

Exemple : demi-tour des hanches........   48 centimètres.
       moins......................   22 centimètres 9 mm.
      la largeur *1-2* est donc de..   25 centimètres 1 mm.

Faisons de même pour les hanches à 20, mais en nous basant, bien entendu, sur le complément du demi-tour des hanches à 20 centimètres.

La modification qui va suivre pour ce gousset, a pour but d'effacer le ventre, comme l'exige la mode actuelle, mais il développe beaucoup plus les hanches que tous les corsets que nous donnons dans cette méthode.

Tracer le gousset en vous reportant à la *fig. 23*.

Une fois ce gousset dessiné, faites une pince de 2 centimètres environ, à la moitié de *5* à *6* (voir *fig. 21*).

Ceci fait, fendre le gousset de *3* à *4*, comme l'indique le dessin, jusqu'à ce que le papier se retrouve à plat.

Porter au-dessus de *3* à *4*, le 1/8 de la largeur *6* à *5*, ce qui détermine le point *4 bis*, donner de *7* à *4 bis*, la même longueur que de *7* à *3*, sans compter l'écart de la pince.

Exemple : largeur *6* à *5*................   22 centimètres.
       1/8 de 22 centimètres.........   2 centimètres 8 mm.

C'est donc 2 centimètres 8 mm., qu'il faudra porter de *3* à *4 bis*.

Réunir ensuite *6* à *5* par une ligne pleine (voir dessin).

Enfin, pour terminer le patron, dessiner le gousset en consultant le dessin.

Pour l'assemblage et le baleinage, se reporter à la leçon spéciale.

✦ ✦ ✦

Corset orthopédique

(6 pièces)

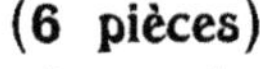

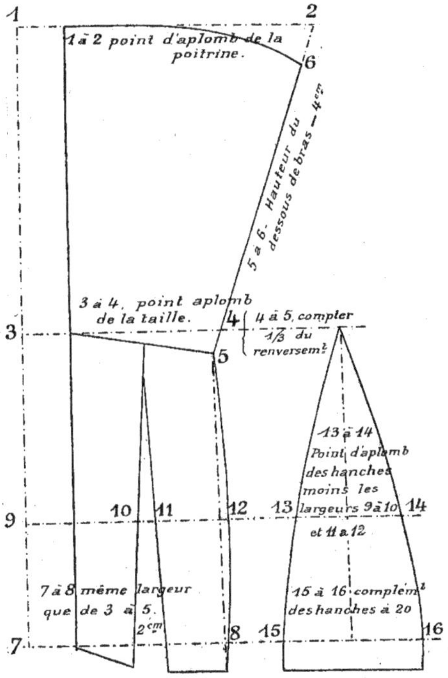
1
2
1 à 2 point d'aplomb de la poitrine.
6
5 à 6 - Hauteur du dessous de bras — 4cm
3 à 4. point aplomb de la taille.
4
4 à 5 compter 1/3 du renversemt
3
5
13 à 14 Point d'aplomb des hanches moins les largeurs 9 à 10 et 11 à 12
9
10
11
12
13
14
7 à 8 même largeur que de 3 à 5.
2cm
15 à 16 complémt des hanches à 20
7
8
15
16

Fig. 24. — Dos.

Corset orthopédique (6 pièces)

Mesures — (Mannequin 44)

1°	Longueur du dos	37
2°	Hauteur du dessous de bras	22
3°	Hauteur des pinces	23
4°	Longueur de la taille devant	43
5°	Demi-tour de taille	30
6°	Point d'aplomb de la taille	12
7°	Demi-tour de poitrine	50
8°	Point d'aplomb de la poitrine	18
9°	Demi-tour des hanches (pris à 12 centimètres au-dessous de la ligne de taille)	48
10°	Point d'aplomb des hanches (pris à 12 centimètres au-dessous de la ligne de taille)	18
11°	Demi-tour des hanches (pris à 20 centimètres au-dessous de la ligne de taille)	52
12°	Point d'aplomb des hanches (pris à 20 centimètres au-dessous de la ligne de taille)	20

Corset ═══ orthopédique ═ (6 pièces) ═

+ + +

Remarque

On peut adopter ce corset pour toutes les tailles; il convient aussi bien aux personnes minces qu'aux personnes fortes.

Nous ne saurions trop vous recommander de porter votre attention sur sa confection.

Car, si nous baleinons le dos de ce corset avec des ressorts très durs, si nous remplaçons celui de hanche par un tuteur en acier, qui emboite la hanche, et si nous adaptons des béquillons lorsque le besoin s'en fait sentir, il devient, ainsi, le corset orthopédique par excellence.

Mais si, au contraire, nous en changeons le baleinage, il devient sans autre modification un corset normal.

Par exception, le gousset du devant (celui des hanches) sera en biais devant, contrairement aux autres goussets, dont on met généralement le droit fil au milieu.

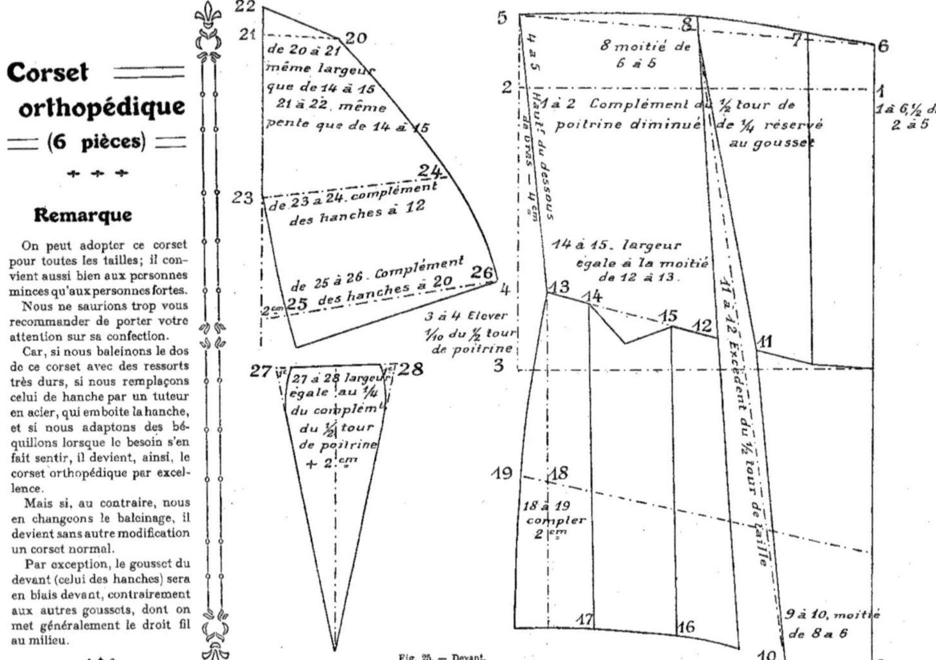

Fig. 25. — Devant.

Corset orthopédique (6 pièces)

Dos

APRES avoir abandonné les corsets médicaux, revenons, chères lectrices, à celui-ci, qui est un corset orthopédique, mais qui devient, comme nous vous l'avons dit, en changeant le baleinage, un corset normal, habillant parfaitement les plus élégantes d'entre vous.

Pour tracer ce modèle, commençons comme toujours par les lignes de construction du dos.

Ceci fait, portons, de *1* à *2*, sur la ligne de poitrine, le point d'aplomb de la poitrine, soit 18 centimètres.

De *3* à *4*, sur la ligne de taille, porter le point d'aplomb de la taille, soit 12 centimètres, et joindre ce point *4* au point *2* par une ligne pointillée, que vous prolongerez légèrement au-dessous de la ligne de taille, et, sur ce prolongement, de *4* à *5*, compter 1/3 du renversement.

Exemple : longueur de taille devant........... 43 centimètres.
longueur du dos.................. 38 centimètres.

différence.......... 5 centimètres,

dont le 1/3, soit 1 centimètre 7 mm. sera porté de *4* à *5*.

Terminons le haut du dos en comptant, de *5* à *6*, la hauteur du dessous de bras, moins 4 centimètres, et en arrondissant légèrement la ligne de poitrine.

Ceci bien compris, reportons-nous, chères lectrices, à la ligne de taille, que nous indiquons par une ligne pleine qui devient la ligne de taille réelle.

Traçons une ligne verticale pointillée de *5* à *8*, et même au-delà, suivant la longueur que l'on veut donner au corset sur la hanche.

Arrondir légèrement vers la ligne des hanches à 12 centimètres (voir *fig. 24*).

Sur la ligne des hanches pris à 20 centimètres au-dessous de la ligne de taille, prendre la moitié de la distance comprise entre la ligne pleine du lacet et le chiffre *8* (consulter le dessin) compter 2 centimètres et former une pince finissant sur la ligne de taille, à la moitié de la distance entre la ligne pleine et le chiffre *5*.

Réunir pour terminer le dos, l'extrémité des pièces comme l'indique le dessin.

Passons, maintenant, au gousset que nous placerons dans la pince *10-11* et que nous établissons comme suit :

Tracer une ligne verticale partant de la ligne de taille, à laquelle on donnera la même longueur qu'à la pince du dos (consulter le dessin).

De *13* à *14*, donner comme largeur le complément du point d'aplomb des hanches, pris à 12 centimètres au-dessous de la ligne de taille, en répartissant également cette largeur de chaque côté de la ligne verticale que l'on vient de tracer.

Exemple : point d'aplomb des hanches à 12.... 18 centimètres.
largeurs *9* à *10* + *11* à *12*............. 11 centimètres.

différence.......·.... 7 centimètres.

Ces 7 centimètres donnent la largeur du gousset de *13* à *14*.

Faire de même sur la ligne des hanches à 20 centimètres, naturellement en portant le complément du point d'aplomb des hanches à 20 centimètres.

Devant

A présent, chères lectrices, que vous êtes au courant des termes usités pour la coupe d'un corset, tracer le devant de celui-ci ne sera pour vous, avec un peu d'attention, que l'affaire de quelques minutes.

Les lignes de construction tracées, compter sur la ligne de poitrine, de *1* à *2*, le complément du 1/2 tour de poitrine, diminué d'un quart de ce complément réservé au gousset de poitrine *(fig. 25)*.

Exemple : 1/2 tour de poitrine................. 50 centimètres
  point d'aplomb de la poitrine........ 18 centimètres.

  complément de la poitrine.......... 32 centimètres.

C'est de ces 32 centimètres, qu'il faut déduire le 1/4 réservé au gousset de poitrine.

Exemple : complément du 1/2 tour de poitrine... 32 centimètres.
  1/4 du complément, 8 centimètres (pour le gousset).

Retirons ces 8 centimètres du complément du 1/2 tour de poitrine et nous obtiendrons ainsi la largeur *1* à *2*.

Exemple : complément du 1/2 tour de poitrine... 32 centimètres.
  moins 1/4 du complément du 1/2 tour de poitrine .... 8 centimètres.
  reste .... 24 centimètres.

Puis, comme toujours, traçons un rectangle sur cette *largeur* et fermons avec la ligne de taille.

De *3* à *4*, élever la ligne de taille du 1/10 du 1/2 tour de poitrine et rentrer ce point, à droite de la ligne pointillée, de 1 centimètre 1/2, ce qui donne le point *13*, puis tracer de ce point la ligne de taille réelle.

Exemple : 1/2 tour de poitrine................. 50 centimètres
  1/10 du 1/2 tour de poitrine.......... 5 centimètres.

De *4* à *5*, hauteur du dessous de bras, moins 4 centimètres ; joindre ensuite *5* à *13* par une ligne pleine.

De *1* à *6*, moitié de la hauteur *2* à *5* ; réunir *5* à *6* par une ligne pointillée. A la moitié de cette ligne, élever de 3 à 8 centimètres, hauteur qui est, nous vous l'avons déjà dit, tout-à-fait facultative et varie de 3 à 8 centimètres environ (voir dessin).

De *6* à *7*, compter 4 centimètres, *mesure invariable*, à moins d'avoir une très forte taille ; dans ce dernier cas, laisser 5 centimètres.

Descendre, à partir de 7, une verticale jusqu'à la ligne de taille.

Plaçons le chiffre *8* à la moitié de *5* à *6*, et passons à la ligne des hanches prise 20 centimètres au-dessous de la ligne de taille où de *9* à *10*, nous donnons une largeur égale à la moitié de *6-8*, soit 6 centimètres, réunir *8-10*, par une ligne pointillée et cintrée sur la ligne de taille de 1 centimètre, puis marquer le chiffre 11 (se reporter au dessin).

De *11* à *12*, donner une distance égale au complément du 1/2 tour de taille. Ici, nous vous demandons quelques instants d'attention.

Pour trouver cette distance, ajouter au point d'aplomb de la taille, la largeur du rectangle prise sur la ligne de taille, en partant du chiffre *13* jusqu'à la ligne ferme du bord devant, retirer de cette mesure, le 1/2 tour de taille et porter la différence de *11* à *12*.

Exemple : 1º largeur du rectangle sur la ligne de
  taille du devant.................. 22 centimètres.
  point d'aplomb de la taille .... 12 centimètres.

  total .... 34 centimètres.

  2º largeur fournie par le point d'aplomb
  de la taille et la largeur du rectangle
  prise sur la ligne de taille du devant 34 centimètres.
  moins le 1/2 tour de taille............ 30 centimètres.

largeur *11* à *12* égale à cette différence, soit......... 4 centimètres.

Réunir *8* à *12* et prolonger la ligne jusqu'au bas du corset, sans déplacer l'équerre. Fermer la pince *11-12* en pliant le papier, puis retracer la ligne de taille (voir *fig. 25*).

Ensuite, au chiffre 13, tracer une ligne verticale pointillée jusqu'au bas du corset ; sur la ligne des hanches à 12 centimètres, compter 2 centimètres à gauche de la ligne pointillée, de *18* à *19*.

Réunir *18* à *19*, par une ligne courbe en la prolongeant jusqu'au bas du corset.

Sur la ligne de taille, porter de *12* à *15* et de *13* à *14*, le quart de la distance *13-12* (terminer comme l'indique le dessin).

Les deux pièces du devant ainsi terminées passons au gousset des hanches.

Tracer, d'abord, une ligne verticale pointillée qui aura la même longueur à partir du chiffre *21* que de *14* à *17* ; sur la ligne horizontale, de *21* à *20*, donner comme largeur, la même distance que de *15* à *14* (voir dessin), puis compter, sur la ligne verticale à partir de *21*, 12 centimètres et 20 centimètres afin d'avoir les lignes des hanches.

Sur la ligne des hanches à 20 centimètres, compter 2 centimètres à droite de la ligne pointillée, ce qui donne le point *25* et réunir ce point au chiffre *23* (de la ligne des hanches à *12*).

De *23* à *24*, donner comme largeur le complément du 1/2 tour des hanches à 12 centimètres, et de *25* à *26*, le complément des hanches à 20 centimètres.

On trouve ces largeurs de la manière suivante :

Exemple : point d'aplomb des hanches à 12...... 18 centimètres.
la largeur de la première pièce du devant
    prise à 12 centimètres............... 8 centimètres.
la largeur de la deuxième pièce du devant
    prise à 12 centimètres, sans compter
    naturellement un écart égal à *16-17*.. 9 centimètres.
             total............ 35 centimètres.

Ces 35 centimètres représentent la largeur que le corset a, en ce moment, aux hanches ; il faut donc donner au gousset la différence avec le 1/2 tour des hanches.

Exemple : 1/2 tour des hanches .... 48 centimètres.
    moins .... 35 centimètres.
        largeur du gousset .... 13 centimètres.

Sur la ligne des hanches à 20 centimètres, faire de même, mais en calculant sur le 1/2 tour des hanches à 20 centimètres.

Exemple : 1/2 tour des hanches à 20 centimètres.. 52 centimètres.
    largeur fournie par les pièces du corset. 38 centimètres.
    largeur du gousset à 20 centimètres. 14 centimètres.

Réunir *20* à *26* en passant par *24*.

Donner au haut du gousset, au-dessus de la ligne *20-21*, la même pente que celle de *14* à *15* (voir dessin).

Pour terminer ce modèle, il ne reste plus qu'à dessiner le gousset de poitrine, ce qui est très simple.

Tracer une verticale pointillée, ayant comme longueur celle de la verticale pleine du devant, partant de la ligne de poitrine jusqu'à la ligne de taille, et donner comme largeur au gousset, de *27* à *28*, 1/4 du complément du 1/2 tour de poitrine plus 2 centimètres, largeur que nous avons calculée au début de l'explication du devant (consulter le dessin).

Un dernier mot sur ce modèle avant de passer à un autre.

Reportons-nous un instant au gousset des hanches.

Toutes les fois que vous aurez à corseter une personne n'ayant pas ou ayant peu de ventre, il faudra donner, de *20* à *22*, la même pente que de *14* à *15* (voir dessin), mais au contraire, si la personne a le ventre fort, il faut conserver la ligne complètement droite, dans le haut du gousset de *20* à *21*, afin de chasser l'ampleur de la pièce à l'arrière et, en même temps, d'éviter qu'elle ne gêne.

✦ ✦ ✦

Corset Louis XVI (8 pièces)

(avec pièce de dessous de bras et goussets)

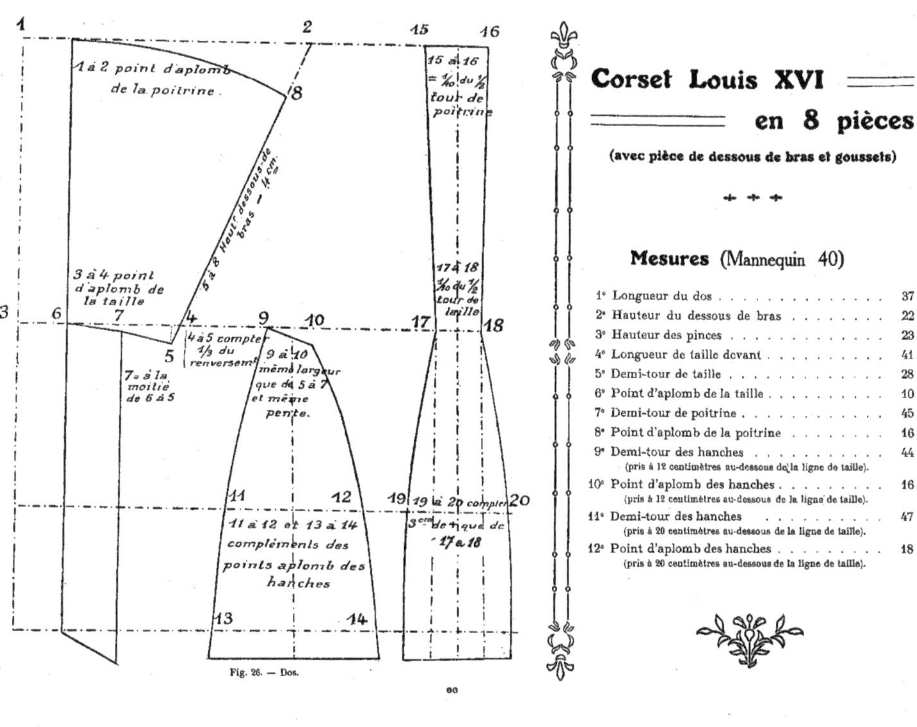

Fig. 26. — Dos.

Corset Louis XVI ===

en 8 pièces

(avec pièce de dessous de bras et goussets)

+ + +

Mesures (Mannequin 40)

1° Longueur du dos 37
2° Hauteur du dessous de bras 22
3° Hauteur des pinces 23
4° Longueur de taille devant 41
5° Demi-tour de taille 28
6° Point d'aplomb de la taille 10
7° Demi-tour de poitrine 45
8° Point d'aplomb de la poitrine 16
9° Demi-tour des hanches 44
(pris à 12 centimètres au-dessous de la ligne de taille).
10° Point d'aplomb des hanches 16
(pris à 12 centimètres au-dessous de la ligne de taille).
11° Demi-tour des hanches 47
(pris à 20 centimètres au-dessous de la ligne de taille).
12° Point d'aplomb des hanches 18
(pris à 20 centimètres au-dessous de la ligne de taille).

Corset Louis XVI ═══

═══ en 8 pièces

(avec pièce de dessous de bras et goussets)

+ + +

Remarque

Ce corset convient pour toutes les tailles, il
est de forme demi-droite et peut-être supporté
même par les personnes n en portant pas cons-
tamment.

Il dissimule beaucoup moins les hanches que
les corsets droits sans gousset de hanches.

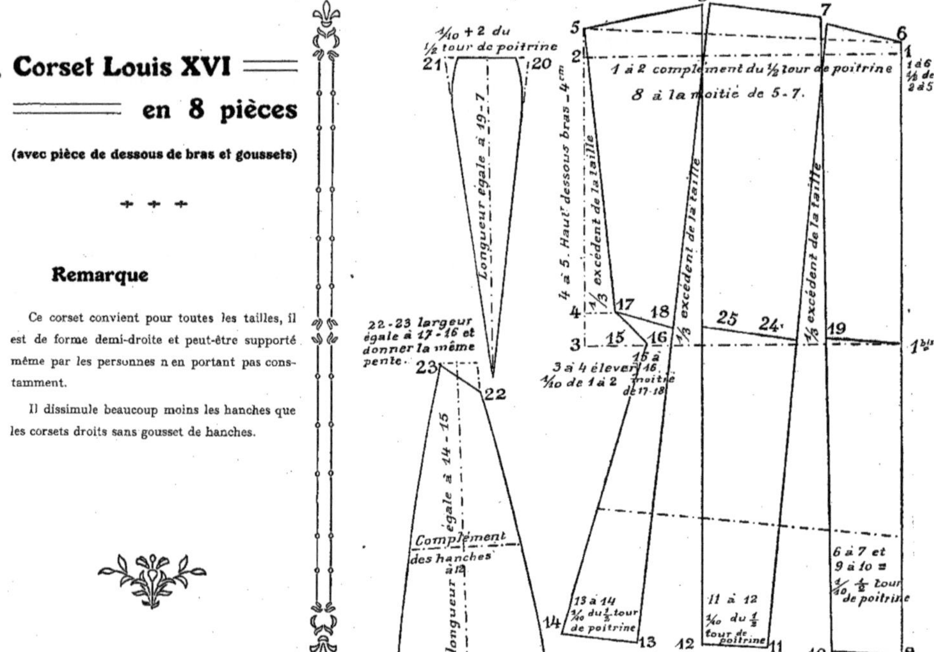

Fig. 27. — Devant.

Corset Louis XVI en 8 pièces (avec pièce de dessous de bras et goussets)

+ + +

EXPLICATION DE LA DIXIÈME LEÇON

Dos

CE corset ayant beaucoup d'analogie avec celui que nous avons tracé précédemment, nous espérons, lectrices, que vous pourrez l'établir sans difficulté.

Comme d'habitude, traçons les lignes de construction.

Sur la ligne de poitrine, de *1* à *2*, porter le point d'aplomb de la poitrine, soit 16 centimètres.

Sur la ligne de taille, compter, de *3* à *4*, le point d'aplomb de la taille, soit 10 centimètres.

Descendre la ligne de taille, de *4* à *5*, du 1/3 du renversement.

> *Exemple* : longueur de taille devant............ 41 centimètres.
> longueur du dos.................... 37 centimètres.
> différence .... 4 centimètres.

De *4* à *5*, c'est donc le 1/3 de cette différence, soit 1 centimètre 3 mm., qu'il faut compter.

Arrondir légèrement de *6* à *5* et réunir *5* à *2*; porter sur cette ligne de *5* à *8,* la hauteur du dessous de bras, moins 4 centimètres, puis arrondir le haut du corset.

Pour terminer cette première pièce, prenons sur la ligne de taille la moitié de la distance *6-5*; plaçons-y le chiffre 7.

En partant de *7*, tracer une ligne verticale pleine, dans toute la longueur du corset et terminer comme l'indique la *fig. 26*.

GOUSSET :

Continuons, maintenant, en établissant le gousset qui sera adapté de *5* à *7*.

Abaisser une verticale pointillée, partant de la ligne de taille et allant jusqu'au bas du corset.

Donner, dans le haut du gousset, une largeur égale à *7-5*, moitié de chaque côté de la ligne pointillée, puis marquer les chiffres *9* et *10*. Il faut tracer la ligne *9-10*, avec la même pente que celle *7-5* (voir *fig. 26*).

Passons à la ligne des hanches, prise à 12 centimètres au-dessous de la ligne de taille.

La largeur *11* à *12* est égale au point d'aplomb des hanches, moins la largeur *3-7*.

> *Exemple* : point d'aplomb des hanches à 12 cen-
> timètres........................ 16 centimètres.
> moins la largeur fournie par la pièce
> du dos *3-7*...................... 7 centimètres.
> différence ou largeur *11* à *12*
> du gousset.............. 9 centimètres.

Faire de même sur la ligne des hanches, à 20 centimètres au-dessous de la ligne, de *13* à *14*, mais en calculant sur le point d'aplomb des hanches pris à 20 centimètres.

> *Exemple* : point d'aplomb des hanches à 20 cen-
> timètres........................ 18 centimètres.
> largeur fournie par la pièce du dos.... 7 centimètres.
> différence ou largeur *13-14*........ 11 centimètres,

qu'il faut porter à droite et à gauche du gousset, soit 5 centimètres 5 mm. de chaque côté.

Réunir par une ligne légèrement arrondie les points *9* et *13*, en passant par *11*, et *10* à *14* en passant par *12*.

Terminer enfin comme l'indique le dessin.

PIÈCE DE DESSOUS DE BRAS :

Pour construire cette pièce, prolonger les quatre lignes de construction fondamentales, à une distance d'environ 15 centimètres de la verticale pointillée du gousset de hanches, puis tracer une nouvelle verticale pointillée partant de la ligne de poitrine et allant jusqu'au bas du corset.

Portons-nous d'abord à la ligne de taille et donnons de *17* à *18*, 1/10 du demi-tour de taille, réparti également de chaque côté de la ligne pointillée.

> *Exemple* : 1/2 tour de taille, 28 centimètres, c'est donc le 1/10 du 1/2 tour, soit 2 centimètres 8 mm., qu'il faut porter à droite et à gauche de la verticale pointillée.

Remontons à la ligne de poitrine et donnons entre *15* et *16*, 1/10 du demi-tour de poitrine.

> *Exemple* : demi-tour de poitrine, 45 centimètres, c'est alors le 1/10 de ce demi-tour, soit 4 centimètres 5 mm., que l'on portera à droite et à gauche de la ligne verticale pointillée.

Joindre ensuite *17* à *15* et *18* à *16*, en portant sur ces deux lignes la hauteur du dessous de bras, moins 4 centimètres, ce qui détermine la partie supérieure de la pièce du dessous de bras.

Sur la ligne des hanches à 12 centimètres, porter une largeur égale au 1/10 du demi-tour de taille, plus 3 centimètres, répartie également de chaque côté de la ligne verticale pointillée, ce qui donne les points *19* et *20*.

Puis, réunir *17* à *19* et *18* à *20*, en prolongeant les lignes jusqu'au bas du corset (voir *fig. 26*).

Devant

Les lignes de construction faites, calculer la largeur du rectangle de *1* à *2*, mais sans omettre de déduire le gousset de poitrine, auquel on donne comme largeur 1/10 du 1/2 tour de poitrine.

> *Exemple* : 1/2 tour de poitrine .... 45 centimètres.
> moins le point d'aplomb de la
> taille, 16 centimètres et la pièce
> du dessous de bras, 4 cent. 5 mm. 20 centimètres 5 mm.
>
> différence .... 24 centimètres 5 mm.

C'est de cette différence, qu'il faut enlever la largeur nécessaire au gousset.

> *Exemple* : différence..................... 24 centimètres 5 mm.
> moins 1/10 du 1/2 tour de poitrine
> soit .... 4 centimètres 5 mm.
>
> la largeur à donner de *1* à *2*, est donc de 20 centimètres

Fermons, comme toujours, le rectangle avec la ligne de taille.
De *3* à *4*, élevons la ligne de taille de 1/10 de la largeur *1* à *2*.

> *Exemple* : largeur *1* à *2* .... 20 centimètres.
> 1/10 de *1* à *2* .... 2 centimètres.

C'est donc 2 centimètres que l'on comptera de *3* vers *4*. Indiquer immédiatement la ligne de taille réelle, ainsi que les lignes des hanches à 12 et à 20 centimètres.

Sur le côté du rectangle *4-2*, porter la hauteur du dessous de bras, moins 4 centimètres, ce qui détermine le point *5*.

Donner de *1* à *6*, la moitié de la distance *2-5*, puis réunir *5* à *6* par une ligne pointillée.

Elever à la moitié de la ligne *5-6*, de 3 ou 4 centimètres, selon que l'on veut un corset plus ou moins haut, et arrondir comme l'indique la *fig. 27*.

Cela terminé, donnons la largeur de chaque pièce.

Sur la ligne de poitrine, de *6* à *7*, largeur égale au 1/10 du 1/2 tour de poitrine.

> *Exemple* : 1/2 tour de poitrine............ 45 centimètres.
> 1/10 du 1/2 tour de poitrine..... 4 centimètres 5 mm.

C'est donc 4 centimètres 5 mm. que l'on donnera de *6* à *7*.

Sur la ligne des hanches à 20 centimètres, donner de *9* à *10* la même largeur que de *6* à *7*, soit 4 centimètres 5 mm. Réunir 7 à *10* par une ligne pleine et placer le chiffre *19*, sur la ligne de taille au point de jonction avec la ligne *7-10*.

Cette première pièce se trouve ainsi terminée.

Pour déterminer la largeur des deux dernières pièces sur la ligne de poitrine, diviser la largeur *5-7* en deux parties égales, et placer au milieu le chiffre *8*.

Cherchons ensuite la profondeur des pinces, ou excédent de la taille.

Pour trouver cet excédent, opérer comme suit :

> *Exemple* : 1/2 tour de taille .... 28 centimètres.

Moins les largeurs fournies par les pièces du dos de *3* à *5* et de *17* à *18*, soit 13 centimètres, auxquels nous ajoutons 1/10 du demi-tour de poitrine, largeur que nous venons de donner à la première pièce du devant.

> *Exemple* : les pièces *3-5* et *17-18* .... 13 centimètres.
> 1/10 du demi-tour de poitrine... 4 centimètres 5 mm.
>
> soit................ 17 centimètres 5 mm.,

qu'il faut enlever du 1/2 tour de taille.

Exemple : 1/2 tour de taille.............. 28 centimètres.

      moins....................... 17 centimètres 5 mm.

        il reste donc........... 10 centimètres 5 mm.,

qui doivent déterminer la largeur des deux dernières pièces sur la ligne de taille.

Occupons-nous d'enlever l'excédent sur cette ligne, en mesurant la largeur *4-19*.

Exemple : la largeur *4-19* étant de 16 centimètres, et le complément pour les deux pièces étant de 10 centimètres 5 mm., il y aura donc 5 centimètres 5 mm. d'excédent que l'on divisera en trois parties, soit 1 centimètre 8 mm. pour chaque pince.

Portons, une première fois, 1 centimètre 8 mm. à gauche du chiffre *19* (voir dessin) et joignons le point trouvé au chiffre 7, par une ligne pleine que l'on prolongera jusqu'à la ligne des hanches à 20 centimètres, au chiffre *11*.

Enfin, sur cette ligne des hanches, de *11* à *12*, porter 1/10 du demi-tour de poitrine et joindre *12* à *8* par une ligne pleine; la deuxième pièce est alors terminée.

Reporter encore une fois, à gauche de cette pièce, 1 centimètre 8 mm., ce qui donne le point *18*.

Joindre *8* à *18* par une ligne pleine, en la prolongeant jusqu'à la ligne des hanches à 20, au point *13*.

Sur cette ligne des hanches à 20, compter, de *13* à *14*, un dixième du demi-tour de poitrine, soit 4 centimètres 5 mm..

Reportons-nous encore à la ligne de taille et rentrons, de 4 à *17*, le dernier 1/3 de l'excédent, soit 1 centimètre 8 mm. Joignons *5* à *17*, ce qui marque définitivement la hauteur du dessous de bras.

Descendons à la ligne de taille de construction, et de *16* à *15*, portons une largeur égale à la moitié de *17* à *18*.

Joindre alors *17* à *15*, et *15* à *14*, par des lignes pleines et la troisième pièce se trouve terminée.

GOUSSET DES HANCHES :

Il reste, lectrices, à dessiner le gousset des hanches et celui de poitrine. Commençons par celui des hanches :

Tracer une verticale pointillée ayant la même longueur que de *15* à *14*.

Ensuite, compter 12 et 20 centimètres, afin d'avoir les lignes des hanches, et donner comme largeur à 12 centimètres au-dessous la ligne de taille, le complément du 1/2 tour des hanches (voir *fig. 27*).

Exemple : Additionner la largeur de la pièce du dos, à 12 centimètres au-dessous de la ligne de taille, avec la largeur du gousset du dos de *11* à *12*, la largeur de la pièce du dessous de bras, de *19* à *20*, les 3 pièces du devant sur la ligne des hanches à 12 centimètres, soit un total de 37 centimètres, que nous retirons du 1/2 tour des hanches à 12 centimètres, 44 centimètres, il reste donc 7 centimètres.

Ces 7 centimètres fournissent la largeur du gousset. Nous en portons la moitié de chaque côté de la ligne pointillée, soit 3 centimètres 5 mm., puis nous donnons, de *22* à *23*, la même largeur et la même pente que de *17* à *16* (consulter le dessin).

Faire de même pour les hanches à 20 centimètres, mais en calculant sur le 1/2 tour des hanches à 20 centimètres. Passons, maintenant, au

GOUSSET DE POITRINE :

Tracer encore une verticale pointillée, ayant la même longueur que de 7 à *19*, et porter de *20* à *21*, le 1/10 du 1/2 tour de poitrine, calculé au début de cette leçon, soit 4 centimètres 5 mm., plus 2 centimètres pour donner de l'aisance à la poitrine.

Pour l'assemblage, voir la leçon spéciale.

Corset gaine (6 pièces)

Fig. 28. — Dos.

Corset gaine (en 6 pièces)

✤ ✤ ✤

Mesures (Mannequin 40)

1° Longueur du dos	....	37
2° Hauteur du dessous de bras	....	22
3° Hauteur des pinces	....	23
4° Longueur de la taille devant	....	41
5° Demi-tour de taille	....	28
6° Point d'aplomb de la taille	....	10
7° Demi-tour de poitrine	....	45
8° Point d'aplomb de la poitrine	....	16
9° Demi-tour des hanches (pris à 12 centimètres au-dessous de la ligne de taille)	....	44
10° Point d'aplomb des hanches (pris à 12 centimètres au-dessous de la ligne de taille)	....	16
11° Demi-tour des hanches (pris à 20 centimètres au-dessous de la ligne de taille)	....	47
12° Point d'aplomb des hanches (pris à 20 centimètres au-dessous de la ligne de taille)	....	18

Corset gaine en 6 pièces

✢ ✢ ✢

Remarque

En ce qui concerne les dos de cette nouvelle série, leur tracé sera très facile, puisqu'ils sont exactement les mêmes que ceux des corsets droits, sans gousset, décrits au début de notre méthode.

Il n'en sera pas de même pour les devants. Ceux-ci, étant très droits, ne sont facilement supportés que si la personne aime à être bien maintenue du ventre et des hanches.

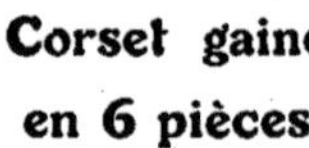

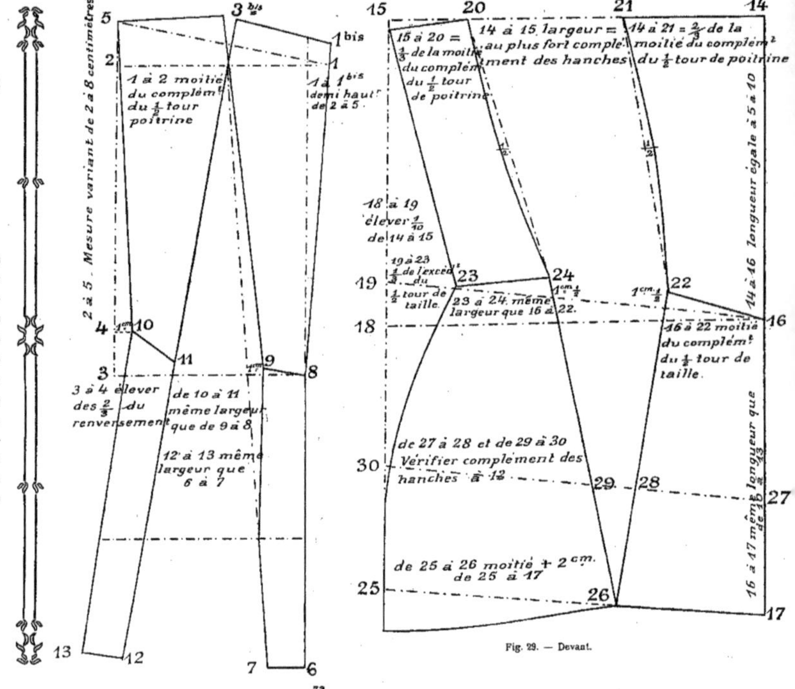

Fig. 29. — Devant.

Corset Gaine en 6 pièces

EXPLICATION DE LA ONZIÈME LEÇON

Dos

COMME nous vous l'avons déjà dit, dans la remarque de ce corset, les dos se tracent exactement de la même manière que ceux des corsets droits décrits au début de notre méthode.

Pour vous, lectrices, les difficultés de ces tracés seront tout à fait aplanies, leur description étant la même que celle du dos du corset droit, sans gousset, en 5 pièces.

Les lignes de construction établies, passons de suite à la ligne de taille.

Nous déduirons, d'abord, du point d'aplomb, les 3 centimètres du lacet et nous donnerons la moitié de cette différence à chaque pièce, puisque le corset a deux pièces au dos.

Exemple : point d'aplomb de la taille . . . . 10 centimètres.
les 3 centimètres du lacet . . . . 3 centimètres.

différence . . . . 7 centimètres.

C'est donc la moitié de cette différence, soit 3 centimètres 5 mm., que l'on portera une première fois de *1* à *2*, puis une seconde de *3* à *4* (voir *fig. 28*).

Tracer, dans toute la longueur du dessin, des verticales pointillées passant par les points *2*, *3* et *4*.

Nous répétons, encore, qu'il faut laisser un écart de 10 centimètres environ entre les deux rectangles, de façon à pouvoir élargir les pièces sur les lignes de poitrine et des hanches.

Reportons-nous à la ligne de taille et comptons de *4* à *5*, 1/3 de renversement.

Exemple : longueur de la taille devant . . . . 41 centimètres.
longueur du dos . . . . 37 centimètres.

renversement . . . . . 4 centimètres.

De *4* à *5*, nous comptons donc 1/3 de ce renversement, soit 1 centimètre 3 mm.

Sur la ligne de poitrine, pour donner le complément du point d'aplomb de la poitrine, ajouter, de *6* à *7*, de *8* à *9* et de *10* à *11*, 1/3 de la différence entre le point d'aplomb de la poitrine et le point d'aplomb de la taille.

Exemple : point d'aplomb de la poitrine . . . . 16 centimètres.
point d'aplomb de la taille . . . . 10 centimètres.

différence . . . . . . 6 centimètres.

Les distances *6* à *7*, *8* à *9* et *10* à *11* sont égales au 1/3 de cette différence, soit 2 centimètres chacune.

Rapprocher les pièces à la taille et arrondir légèrement la ligne de taille, de *1* à *5*.

De *5* vers *11*, porter la hauteur du dessous de bras, moins 4 centimètres ; joindre *8* à *9*, *2* à *7*, puis arrondir le haut du corset.

Sur la ligne des hanches à 20 centimètres ajouter, de chaque côté des lignes pointillées, 1/3 de la différence entre le point d'aplomb des hanches à 20 centimètres et le point d'aplomb de la taille.

Exemple : point d'aplomb des hanches à 20 cen-
timètres . . . . 18 centimètres.
point d'aplomb de la taille . . . . 10 centimètres.

différence . . . . 8 centimètres.

De chaque côté des lignes pointillées, donnons 1/3 de cette différence, soit 2 centimètres 7 mm.

A la ligne des hanches à 12 centimètres, faire de même que pour les hanches à 20 centimètres, et terminer les pièces, en réunissant les points ainsi trouvés par des lignes légèrement arrondies.

Arrondir le bas du corset comme l'indique le dessin.

Devant

Si le dos n'a été qu'une répétition des premières leçons, il n'en est pas de même du devant de ce corset.

Aussi, lectrices, nous vous demandons de nous accorder quelques instants d'attention afin de bien comprendre les explications suivantes.

Comme toujours, nous retrouvons les lignes de construction (*fig. 29*).

Celles-ci terminées, commençons, sur la ligne de poitrine, par ressortir 1 centimètre 5 mm., à droite de la ligne pointillée.

De *1* à *2*, donner comme largeur la moitié du complément du 1/2 tour de poitrine, que l'on cherche comme suit :

Exemple : 1/2 tour de poitrine	45 centimètres.
moins, point d'aplomb de la poitrine ou	
largeur fournie par les pièces du dos.	16 centimètres.
différence ou complément	29 centimètres.

C'est la moitié de cette différence, ou complément, que l'on donnera de *1* à *2*, c'est-à-dire 14 centimètres 5 mm.

Ensuite, former un rectangle avec la ligne de taille, en portant sur cette ligne, de *8* à *3*, la largeur *1-2*, moins 1 centimètre 1/2.

Elever la ligne de taille, de *3* à *4*, des 2/3 du renversement.

Exemple : longueur de taille devant.	41 centimètres.
longueur du dos.	37 centimètres.
renversement.	4 centimètres.

La distance *3* à *4* est donc égale au 2/3 de 4 centimètres, soit 2 centimètres 6 mm.

Compter de *2* à *5*, une longueur de *2* à 8 centimètres, mesure variant suivant la hauteur que l'on veut donner au milieu du haut du corset devant.

Elever de *1* à *1 bis*, la moitié de la hauteur *2-5* et réunir *5* à *1 bis* par une ligne pointillée.

Placer *3 bis*, à la moitié de *5* à *1 bis* et arrondir le haut du corset (voir dessin).

Descendre maintenant sur la ligne des hanches, prise à 20 centimètres au-dessous de la ligne de taille, et compter de *6* vers 7, le 1/3 ou la 1/2 de *1 bis* à *3 bis*.

Exemple : de *1 bis* à *3 bis*, 7 centimètres 2 mm. C'est le 1/3 de ces 7 centimètres 2 mm., soit 2 centimètres 3 mm., ou la 1/2, soit 3 centimètres 6 mm., au choix, que l'on donne de *6* à 7.

Réunir *3 bis* à 7 par une ligne pointillée et rentrer à droite de cette ligne pointillée, sur la ligne de taille, 1 centimètre, et marquer le point *9* (consulter la *fig. 29*).

Joindre ce point *9* à *3 bis* et à 7, par des lignes pleines, et tracer la ligne de taille *9-8*.

De *4* vers *10*, rentrer, à droite de la ligne pointillée, 1 centimètre, marquer le point *10*, le réunir au chiffre *5* et donner comme largeur à cette pièce, de *10* à *11*, la même largeur que de *8* à *9*.

Réunir aussi *3 bis* à *11*, par une ligne pleine, qui sera prolongée jusqu'au bas du corset, soit, ici, jusqu'au chiffre *12*.

Donner comme largeur, de *12* à *13*, la même largeur que de *6* à 7.

Terminer cette pièce en réunissant *10* à *13* (se reporter au dessin).

Pour compléter le devant de ce corset, il faut encore faire 2 pièces.

Ces deux pièces seront dessinées dans un second rectangle construit sur les bases suivantes :

De *14* à *15*, donner comme largeur, le plus fort complément des hanches.

Exemple : demi-tour des hanches, pris à 20 centimètres au-dessous de la ligne de taille, 48 centimètres, moins le point d'aplomb des hanches pris à 20 centimètres, soit 18 centimètres, la largeur fournie par les 2 pièces du devant, sur la ligne des hanches à 20 centimètres, soit de *6* à 7 et de *12* à *13*, 8 centimètres, ensemble 26 centimètres.

La différence entre le 1/2 tour des hanches et ces 26 centimètres donne le complément du 1/2 des hanches, ou largeur *14-15*.

Exemple : 1/2 tour des hanches pris à 20 centimètres	48 centimètres.
moins les 26 centimètres ci-dessus.	26 centimètres.
différence ou largeur *14* à *15*	22 centimètres.

Le rectangle aura donc, sur la ligne horizontale, 22 centimètres, et, sur la ligne verticale, de *14* à *16*, la même hauteur que de *10* à *5* du premier rectangle.

Fermer le rectangle *14*, *15*, *18*, *16*.

Elever la ligne de taille du 1/10 de la largeur du rectangle.

Exemple : largeur du rectangle 22 centimètres ; c'est donc du 1/10 de cette mesure, soit de 2 centimètres 2 mm., que l'on élèvera la ligne de taille de *18* vers *19* ; réunir ensuite *19* à *16*, par une ligne pointillée.

Tracer, maintenant, les lignes des hanches à 12 et à 20 centimètres au-dessous de la ligne de taille.

Le complément du demi-tour de poitrine étant de 29 centimètres et les deux premières pièces du devant en ayant déjà pris la moitié, soit 14 centimètres 5 mm., il reste donc l'autre moitié, 14 centimètres 5 mm., à répartir entre les deux dernières pièces.

Donner d'abord, de *15* à *20*, le 1/3 de ces 14 centimètres 5 mm., soit 4 centimètres 8 mm., puis porter les deux autres tiers de *14* à *21*, soit une largeur de 9 centimètres 6 mm. (voir dessin).

Il faut chercher, maintenant, le complément du demi-tour de taille en procédant ainsi :

Exemple : point d'aplomb de la taille . . . .   10 centimètres.
les largeurs *8-9* et *10-11* du devant. . . .   6 centimètres.

total . . . .   16 centimètres.

Retirer ces 16 centimètres du demi-tour de taille, et on aura ainsi le complément du demi-tour de taille.

Exemple : demi-tour de taille . . . .   28 centimètres.
moins les 16 centimètres trouvés . . . . .   16 centimètres.

reste . . . .   12 centimètres.

Le complément du demi-tour de taille est donc de 12 centimètres.

De ces 12 centimètres, nous en donnerons la moitié, soit 6 centimètres, premièrement de *16* à *22*.

Pour trouver la largeur de la seconde pièce, opérer comme suit :

Mesurer sur la ligne de taille, la distance *19* à *22*, ce qui donne 16 centimètres, puis en retirer les 6 centimètres que doit avoir la seconde pièce, on obtient ainsi l'excédent, dont on porte le 1/3 de *19* à *23*.

Exemple : largeur de *19* à *22* . . . .   16 centimètres.
moins la largeur que doit avoir la
deuxième pièce, soit, ...   6 centimètres.

excédent . . . .   11 centimètres.

Le 1/3 de cet excédent est donc 3 centimètres 6 mm., que nous portons de *19* à *23*. Marquons alors la largeur de la deuxième pièce à la taille, égale à celle de la première, soit 6 centimètres.

Pour terminer ces pièces, réunir *22* à *21* par une ligne pointillée, qui sera cintrée de 1/2 centimètre, à la moitié, (consulter le dessin); faire de même de *24* à *20*.

De *23* vers *15*, compter la hauteur du dessous de bras, moins 4 centimètres, et réunir le nouveau point trouvé avec *20*, qui détermine le haut de la pièce.

Ensuite, rapprochons les pièces à la taille et retraçons la ligne de taille, en remontant les points *22* et *24* de 1 centimètre 1/2, comme l'indique la *fig. 29*.

Occupons-nous, pour finir ce modèle, de terminer les pièces sur les lignes des hanches.

Sur la ligne des hanches à 20 centimètres, au-dessous de la ligne de taille, placer le chiffre *26*, à la moitié plus 2 centimètres, de *25* à *17*.

Exemple : largeur *25-17* . . . .   22 centimètres.

La moitié est de 11 centimètres, auxquels nous ajoutons 2 centimètres, ce qui fait 13 centimètres à porter de *25* à *26*.

Pour le complément du 1/2 tour des hanches à 12 centimètres, additionner le point d'aplomb des hanches à 12 centimètres, avec les largeurs des deux pièces du premier rectangle, sur la ligne des hanches à 12 centimètres, et la largeur *27-28*, puis donner de *29* à *30* le complément de ce demi-tour.

Enfin, joindre *23* à *25*, en passant par *30* et terminer le bas comme l'indique le dessin.

Corset gaine (7 pièces)

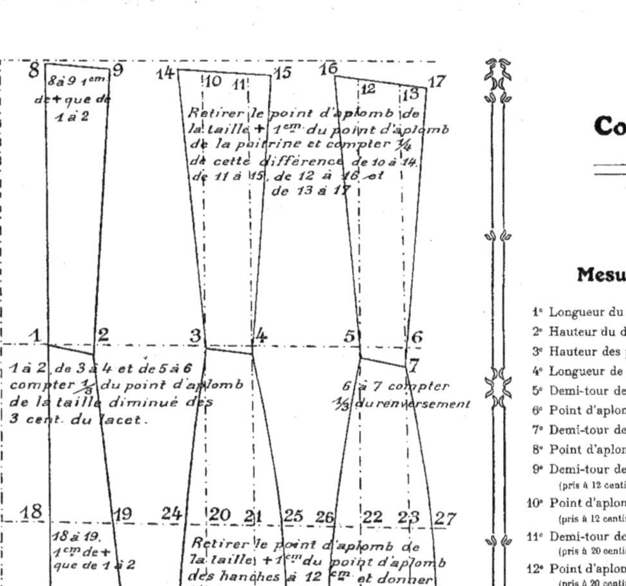

Fig. 30. — Dos.

Corset gaine en 7 pièces

✦ ✦ ✦

Mesures (Mannequin 44)

1°	Longueur du dos	38
2°	Hauteur du dessous de bras	22
3°	Hauteur des pinces	23
4°	Longueur de taille devant	43
5°	Demi-tour de taille	30
6°	Point d'aplomb de la taille	12
7°	Demi-tour de poitrine	50
8°	Point d'aplomb de la poitrine	18
9°	Demi-tour des hanches (pris à 12 centimètres au-dessous de la ligne de taille).	48
10°	Point d'aplomb des hanches (pris à 12 centimètres au-dessous de la ligne de taille).	18
11°	Demi-tour des hanches (pris à 20 centimètres au-dessous de la ligne de taille).	52
12°	Point d'aplomb des hanches (pris à 20 centimètres au-dessous de la ligne de taille).	20

Corset gaine = en 7 pièces

+ + +

Remarque

Comme pour le corset précédent, le dos de ce nouveau modèle a déjà été étudié au début des leçons de cette méthode, dans les corsets droits sans gousset.

Il a donc les mêmes avantages.

Le dos est fait en 3 pièces, c'est du reste la seule différence qu'il présente avec le précédent corset, puisque son devant est exactement le même.

Pour l'assemblage et le baleinage, se reporter, à la leçon « Assemblage et Baleinage » à la fin du volume.

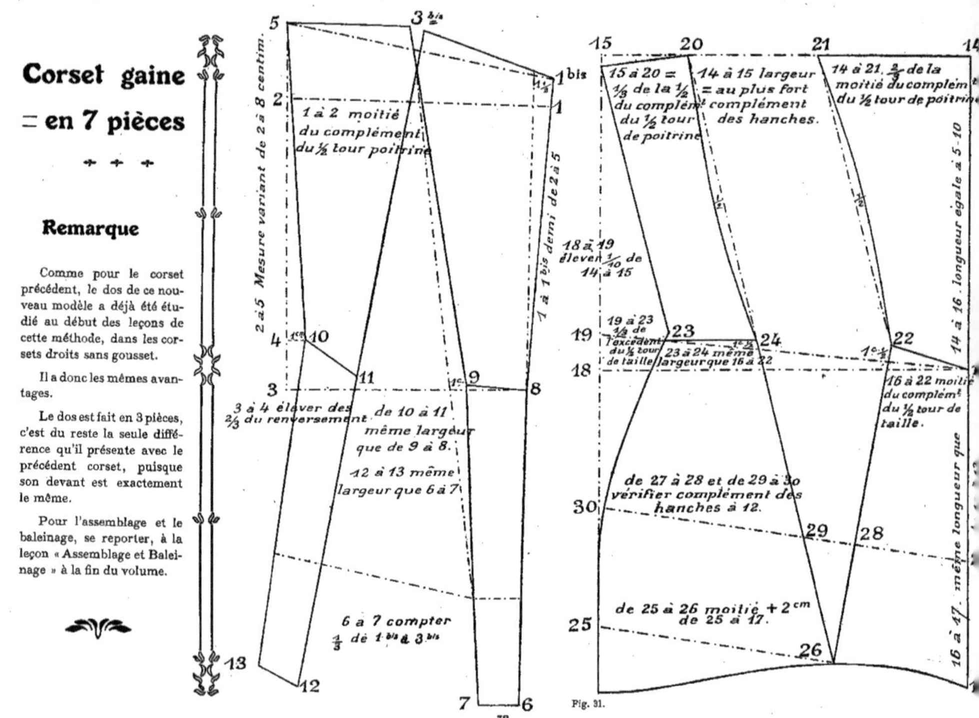

Fig. 31.

Corset gaine en 7 pièces

EXPLICATION DE LA DOUZIÈME LEÇON

Dos

NOUS ne nous étendrons pas en longs préliminaires sur cette leçon, puisque le dos de ce corset est exactement le même que le dos des corsets droits, baleinés sur toutes les coutures, dont vous avez déjà fait, chères lectrices, toute une série correspondant aux tailles 40 à 50.

Nous ne ferons que répéter textuellement la leçon du dos en 3 pièces.

D'abord les lignes de construction.

Sur la ligne de taille, retirer en premier lieu du point d'aplomb de la taille, qui est de 12 centimètres, les 3 centimètres du lacet, ce qui donne 9 centimètres.

Chacune des pièces aura donc sur la ligne de taille, 3 centimètres; indiquons-les en lignes pointillées dans toute la hauteur du corset. Laisser environ 10 centimètres d'écart entre chaque rectangle.

Placer, à droite et à gauche des lignes pointillées, les chiffres *1* et *2*, pour le premier rectangle, *3* et *4* pour le deuxième, *5* et *6* pour le troisième.

Les largeurs *1-2*, *3-4*, *5-6*, plus les 3 centimètres du lacet, donnent le point d'aplomb de la taille (voir *fig. 30*).

Remontons maintenant à la ligne de poitrine, et ajoutons en haut à droite du rectangle *1-2*, 1 centimètre; (cette mesure de 1 centimètre ne varie jamais), cela donne le chiffre *9*. Faire de même sur la ligne des hanches à 12 centimètres, pour déterminer le point *19*, et joindre *9* à *2*, et *2* à *19*, par des lignes pleines, que l'on prolonge jusqu'au delà de la ligne des hanches à 20 centimètres.

Reportons-nous encore sur la ligne de poitrine et plaçons les chiffres *10-11*, *12-13*, à l'extrémité des rectangles *3-4* et *5-6*.

Additionnons, alors, *8* à *9*, *10* à *11* et *12* à *13*, avec les 3 centimètres du lacet.

Exemple : lacet.............................. 3 centimètres.
largeur de *8* à *9*..................... 4 centimètres.
largeur de *10* à *11*................... 3 centimètres.
largeur de *12* à *13*.................. 3 centimètres.

total............ 13 centimètres.

Le point d'aplomb de la poitrine étant de 18 centimètres, il manque donc 5 centimètres sur la ligne de poitrine ; portons-en le 1/4, soit 1 centimètre 3 mm., à gauche et à droite de chacun des deux rectangles, de *10* à *14*, de *11* à *15*, de *12* à *16* et de *13* à *17*.

Joindre, alors, respectivement par des lignes pleines, chacun de ces points aux points *3* et *4*, *5* et *6* de la taille.

Prolonger la ligne *17-6*, de *6* à *7*, du 1/3 du renversement.

Exemple : longueur de taille devant............. 43 centimètres.
longueur du dos...... .... 38 centimètres.

différence...... 5 centimètres.

C'est le 1/3 de ces 5 centimètres, soit 1 centimètre 6 mm., que l'on porte de *6* à *7*.

Rapprocher maintenant toutes les pièces sur la ligne de taille et arrondir cette ligne, comme l'indique le dessin.

Porter de *7* à *17*, la hauteur du dessous de bras, moins 4 centimètres, soit 18 centimètres.

Enfin, terminer le haut du corset en joignant *8* à *17*, par des lignes arrondies (consulter dessin).

Reportons-nous alors à la ligne des hanches prise à 12 centimètres au-dessous de la ligne de taille, et opérons comme sur la ligne de poitrine, en additionnant *18-19*, *20-21*, *22-23*, avec le lacet.

Exemple : largeur *8* à *9* .... 4 centimètres.
largeur *20* à *21* .... 3 centimètres.
largeur *22* à *23* .... 3 centimètres.
le lacet .... 3 centimètres.

total .... 13 centimètres.

Le point d'aplomb des hanches à 12 centimètres étant de 18 centimètres, il manque encore 5 centimètres dont on portera le 1/4, soit 1 centimètres 3 mm., de *20* à *24*, de *21* à *25*, de *22* à *26* et de *23* à *27*.

Procéder de même sur la ligne des hanches, prise à 20 centimètres au-dessous de la ligne de taille, mais en se basant sur le point d'aplomb des hanches pris à 20 centimètres.

Terminer, en traçant des lignes pleines, partant de la ligne de taille, et passant par les points *24*, *25*, *26*, *27* sur la ligne des hanches à 12; enfin arrondir le bas des pièces (consulter le dessin).

Devant

Tout en augmentant les mesures, puisque nous corsetons une taille moyenne, nous répétons exactement la même leçon que la précédente, le devant de ce nouveau corset étant aussi fait en 4 pièces.

Vous aurez donc beaucoup moins de difficultés à en comprendre les explications.

Prenons d'abord les mesures du corset et traçons, chères lectrices, le premier rectangle qui contiendra les deux premières pièces du devant.

Commençons par la ligne de poitrine ; ressortons, à droite de la ligne pointillée, 1 centimètre 1/2, et marquons le chiffre *1*.

Comptons, sur la ligne horizontale, de *1* à *2*, la moitié du complément du demi-tour de poitrine qu'il faut chercher de la manière suivante.

Exemple : demi-tour de poitrine .... 45 centimètres.
moins le point d'aplomb de la poitrine. 16 centimètres.

le complément ou la différence est de. 29 centimètres.

Nous donnerons donc, de *1* à *2*, la moitié de ces 29 centimètres, soit 14 centimètres 1/2.

Fermer le rectangle *1*, *2*, *3*, *8*, en ayant soin que la largeur *3-8* ait 1 centimètre 1/2 de moins que la largeur *1-2* (voir *fig. 31*).

De *3* à *4*, élever la ligne de taille des 2/3 du renversement.

Exemple : longueur de taille devant .... 43 centimètres·
longueur du dos .... 38 centimètres

le renversement est donc de .... 5 centimètres,

dont on portera, de *3* à *4*, les 2/3, soit 3 centimètres 3 mm.

Elever aussi la ligne de poitrine, du chiffre *2* vers *5*, de 2 à 8 centimètres, mesure qui varie suivant la hauteur que l'on veut donner au milieu du haut du corset sur le devant.

Donner de *1* à *1 bis*, la moitié de la hauteur *2-5*, puis réunir *5* à *1 bis*, par une ligne pointillée.

Prendre la moitié de la ligne pointillée *1 bis* à *5* et y placer le chiffre *3 bis*; arrondir le haut du corset (voir dessin).

Descendre, maintenant, à la ligne des hanches prise à 20 centimètres au dessous de la ligne de taille, et compter, de *6* vers *7*, le 1/3 de la largeur *1 bis* à *3 bis*.

Exemple : *1 bis* à *3 bis*, 7 centimètres 1/4, c'est donc le 1/3 de ces 7 centimètres 1/4 que l'on donnera de *6* à *7*, soit 2 centimètres 4 mm.

Réunir *3 bis* à *7*, par une ligne pointillée, pour définir la première pièce, qui sera cintrée sur la ligne de taille de 1 centimètre.

Tracer, pour finir, une ligne pleine et marquer *8* et *9* sur la ligne de taille.

Faisons, à présent, la deuxième pièce.

Commençons par rentrer, de *4* vers *10*, à droite de la ligne pointillée, 1 centimètre, et plaçons le chiffre *10*, qui sera réuni à *5* par une ligne pleine.

Donner à cette pièce, de *10* à *11*, la même largeur que de *8* à *9*.

Réunir *3 bis* à *11*, par une ligne pleine qu'il faudra prolonger jusqu'à la ligne des hanches à 20 centimètres, au point *12*.

Donner ensuite comme largeur, de *12* à *13*, la même largeur que de *6* à *7*.

Pour finir la pièce, réunir *10* à *13* par une ligne pleine (voir *fig. 31*).

Il reste encore deux pièces à tracer pour compléter le devant du corset.

Avant de commencer, il faut d'abord se rendre compte de ce qui manque pour le complément.

Ce complément sera toujours basé sur celui du demi-tour des hanches le plus fort, c'est-à-dire pris 20 centimètres au-dessous de la taille.

Exemple : demi tour des hanches, pris à 20 centimètres au-dessous de la ligne de taille, 52 centimètres.

Moins le point d'aplomb des hanches à 20 centimètres, qui est de 20 centimètres, auquel il faut ajouter la largeur fournie par les deux pièces du devant, sur la ligne des hanches à 20 centimètres, soit de *6* à *7* et de *12* à *13*. Ces deux pièces réunies donnent 5 centimètres 4 mm. On comptera donc, point d'aplomb, 20 centimètres, plus 5 centimètres 4 mm., soit un total de 25 centimètres 4 mm. qui est à déduire du demi-tour des hanches, 52 centimètres.

Exemple : 52 centimètres moins 25 centimètres, reste 27 centimètres.

Le rectangle aura sur la ligne horizontale 27 centimètres, ou complément du demi-tour des hanches à 20 centimètres et sur la ligne verticale, de *14* à *16*, la même hauteur que de *10* à *5* du premier rectangle. Fermer le rectangle *14*, *15*, *16* et *18*.

Elever la ligne de taille du 1/10 de la largeur du rectangle.

Exemple : largeur du rectangle, 27 centimètres; c'est donc le dixième de 27 centimètres, qu'il y a lieu de porter de *18* à *19*, soit 2 centimètres 7 mm., et réunir *19* à *16* par une ligne pointillée.

Tracer maintenant les lignes des hanches, prises à 12 et à 20 centimètres au-dessous de la ligne de taille.

Le complément du demi-tour de poitrine étant de 32 centimètres et les deux premières pièces du devant ayant déjà pris la moitié, 16 centimètres, il reste donc 16 centimètres à répartir entre les deux dernières pièces.

Nous donnerons d'abord de *15* à *20*, un tiers de ces 16 centimètres, soit 5 centimètres 3 mm. et nous porterons les 2 autres tiers de *14* à *21*, soit 10 centimètres 6 mm. (voir dessin).

Nous allons chercher, maintenant, le complément du demi-tour de taille, en procédant ainsi :

demi-tour de taille. . . . . 30 centimètres.
moins le point d'aplomb de la taille. . . . . 12 centimètres.

Ajoutons à ces 12 centimètres les largeurs *8-9* et *10* à *11* des deux pièces du devant qui donnent ensemble 4 centimètres 6 mm; on trouve un total de 16 centimètres 6 mm.

Ce sont ces 16 centimètres 6 mm. que l'on retirera du 1/2 tour de taille, 30 centimètres, pour trouver le complément du 1/2 tour de taille.

Exemple : 1/2 de taille. . . . .   30 centimètres.
    moins les 16 centimètres 6 mm.
      ci-dessus . . . .   16 centimètres 6 mm.

    complément du 1/2 tour de taille.   13 centimètres 4 mm.

De ces 13 centimètres 4 mm., prendre la moitié, soit 6 centimètres 7 mm., et la porter, premièrement, de *16* à *22*.

Pour donner la largeur de la seconde pièce opérer comme suit :

Mesurer, sur la ligne de taille, la distance *19* à *22*, cela donne 18 centimètres; retirer de ces 18 centimètres les 6 centimètres 7 mm. que doit avoir la seconde pièce, et l'on obtient ainsi l'excédent, dont il faut porter le 1/3 de *19* à *23*.

Exemple : largeur *19* à *22*. . . . .   18 centimètres.
    moins la largeur que doit avoir
    la deuxième pièce, soit. . .   6 centimètres 7 mm.

        excédent. . . . .   11 centimètres 3 mm.

Le 1/3 de cet excédent est donc de 3 centimètres 8 mm. que l'on portera de *19* à *23*.

Marquer ensuite la largeur de la deuxième pièce à la taille, de *23* à *24*, égale à celle de la première, soit de 6 centimètres 7 mm.

Pour terminer, réunir *22* à *21*, par une ligne pointillée que l'on cintrera de 1/2 centimètre à la moitié (voir dessin); faire de même de *24* à *20*.

De *23* vers *15*, compter la hauteur du dessous de bras, moins 4 centimètres, puis réunir *15* à *20*.

Ensuite, rapprocher les pièces à la taille, et retracer la ligne de taille en l'élevant de 1 centimètre 5 mm. aux points *24* et *22*, comme l'indique la *fig. 31*.

Pour finir ce modèle, il ne reste plus qu'à terminer les pièces sur les lignes des hanches.

Sur la ligne des hanches à 20 centimètres, au-dessous de la ligne de taille, placer le chiffre *26*, à la moitié plus 2 centimètres de *25* à *17*.

Exemple : largeur *25* à *17*, ...   24 centimètres.

La moitié est de 12 centimètres, auxquels il faut ajouter 2 centimètres, ce qui fait 14 centimètres que l'on porte de *25* à *26*. Réunir, enfin, *24* à *26* et *22* à *26* par deux lignes pleines.

Pour le complément du 1/2 tour des hanches à 12 centimètres, additionner le point d'aplomb des hanches à 12 centimètres, avec les largeurs des deux pièces du premier rectangle, sur la ligne des hanches à 12 centimètres, ainsi qu'avec la largeur *27-28* et donner, de *29* à *30*, le complément de ce demi-tour.

Réunir *23* à *25*, en passant par *30* et terminer le bas, en consultant le dessin.

✦ ✦ ✦

Corset gaine (8 pièces)

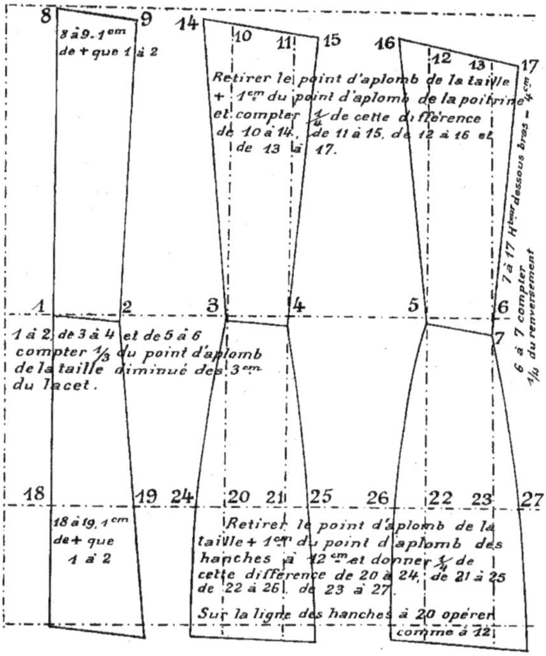

Fig. 32. — Dos.

Corset gaine en 8 pièces

+ + +

Mesures (Mannequin 52)

1° Longueur du dos 38

2° Hauteur du dessous de bras 20

3° Hauteur des pinces 24

4° Longueur de taille devant 42

5° Demi-tour de taille 40

6° Point d'aplomb de la taille 16

7° Demi-tour de poitrine 56

8° Point d'aplomb de la poitrine 22

9° Demi-tour des hanches 56
(pris à 12 centimètres au-dessous de la ligne de taille).

10° Point d'aplomb des hanches 25
(pris à 12 centimètres au-dessous de la ligne de taille).

11° Demi-tour des hanches 60
(pris à 20 centimètres au-dessous de la ligne de taille).

12° Point d'aplomb des hanches 27
(pris à 20 centimètres au-dessous de la ligne de taille).

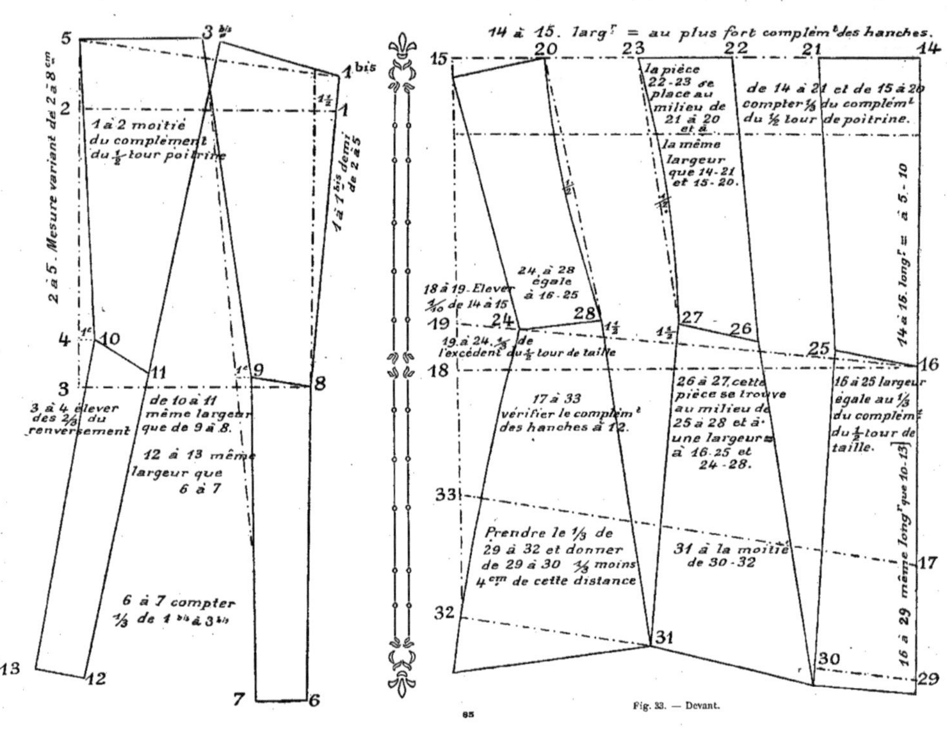

Fig. 33. — Devant.

Corset gaine en 8 pièces

EXPLICATION DE LA TREIZIÈME LEÇON

Remarque

LE dos de ce corset gaine est le même que celui de la douzième leçon ; le devant a simplement une pièce de plus que le précédent.

Cette forme est celle qui donne le plus grand amincissement.

Toute femme forte ne craignant pas d'être maintenue devra la choisir de préférence à toutes les autres.

Pour l'assemblage et le baleinage se reporter à la leçon « Assemblage et Baleinage » à la fin du volume.

Dos

Le dos n'étant que la répétition de celui de la douzième leçon, nous vous en donnons, lectrices, l'explication sans nous occuper des détails préliminaires.

Les lignes de construction terminées, passer à la ligne de taille et déterminer, de suite, la largeur à la taille, des rectangles *1* à *2*, *3* à *4*, *5* à *6*.

Retirer du point d'aplomb de la taille les 3 centimètres du lacet et donner à chaque pièce le tiers de ce qui reste :

Exemple : point d'aplomb . . . . 16 centimètres.
lacet . . . . 3 centimètres.

différence . . . . 13 centimètres.

C'est cette différence, divisée en trois parties égales, qui donne la largeur de chaque rectangle à la taille.

Exemple : différence . . . . 13 centimètres, le 1/3 de 13 étant de 4 centimètres 3 mm., c'est cette mesure qu'il faut porter de *1* à *2*, de *3* à *4* et de *5* à *6*.

Sur la ligne de poitrine, compter, à droite de la ligne pointillée, 1 centimètre, et marquer le chiffre *9*.

Faire de même sur la ligne des hanches à 12 centimètres au-dessous de la ligne de taille, et marquer le chiffre *19*.

Réunir *2* à *9* et *2* à *19* en prolongeant cette dernière ligne jusqu'au bas du corset.

Reportons-nous alors sur la ligne de poitrine.

Additionner les largeurs *8* à *9*, *10* à *11*, *12* à *13* et les 3 centimètres du lacet ; on obtient un total de 16 centimètres 9 mm.

Le point d'aplomb de la poitrine étant de 22 centimètres, dès lors, il manque 5 centimètres 1 mm.

C'est le 1/4 de ces 5 centimètres 1 mm., c'est-à-dire 1 centimètres 2 mm., que l'on portera de *10* à *14*, de *11* à *15*, de *12* à *16* et de *13* à *17* (voir *fig. 32*).

Rapprocher maintenant les pièces à la taille et descendre, de *6* à *7*, du 1/4 du renversement.

C'est seulement pour les tailles fortes que l'on descendra, de *6* à *7*, le 1/4 du renversement.

Exemple : longueur de taille devant . . . . 42 centimètres.
longueur de taille du dos . . . . 38 centimètres.

renversement . . . . 4 centimètres.

Donc, descendre la ligne de taille, de *6* à *7*, du 1/4 de ce renversement, soit de 1 centimètre, et arrondir la ligne de taille (voir dessin).

De *7* à *17*, donner la hauteur du dessous de bras, moins 4 centimètres, et terminer le haut du corset en joignant *8* à *17* par une ligne arrondie.

Se reporter à la ligne des hanches, prise à 12 centimètres au-dessous de la ligne de taille, et opérer comme sur la ligne de poitrine.

Exemple : additionner les largeurs *18* à *19*, *20* à *21*, *22* à *23* et les 3 centimètres du lacet, total 16 centimètres 9 mm.

Le point d'aplomb des hanches à 12 centimètres étant de 25 centimètres, il manque 8 centimètres 1 mm., dont on portera le 1/4, soit 2 centimètres, de *20* à *24*, de *21* à *25*, de *22* à *26* et de *23* à *27*.

Procéder de même sur la ligne des hanches prise à 20 centimètres au-dessous de la ligne de taille.

Enfin, terminer en traçant des lignes pleines partant de la ligne de taille, et passant par les points *24*, *25*, *26*, *27* sur la ligne des hanches à 12 centimètres, et se prolongeant jusqu'au bas du corset (consulter la *fig. 32*).

Devant

Pour le devant de ce corset, lectrices, vous n'aurez plus de difficultés, les deux premières pièces ne sont, en effet, que la répétition de celles de la onzième et douzième leçons.

Tracer d'abord les lignes de construction, puis ressortir 1 centimètre 5 mm. à droite de la ligne pointillée, sur la ligne de poitrine (*fig. 33*).

De *1* à *2*, donner comme largeur la moitié du 1/2 tour de poitrine, que l'on trouvera comme suit.

Exemple : 1/2 tour de poitrine	56 centimètres.
moins le point d'aplomb de la poitrine.	22 centimètres.
différence ou complément	34 centimètres.

On donnera donc de *1* à *2*, sur la ligne de poitrine, la moitié de ces 34 centimètres, soit 17 centimètres.

Fermer le rectangle comme d'habitude, et élever la ligne de taille, de *3* à *4*, des 2/3 du renversement.

Exemple : longueur de taille devant	42 centimètres.
longueur du dos	38 centimètres.
renversement	4 centimètres.

Le tiers de 4 centimètres étant de 1 centimètre 3 mm., les 2/3 donnent 2 centimètres 6 mm., que l'on doit compter de *3* à *4*.

Donner de *2* à *5*, une hauteur variant de 2 à 8 centimètres comme on voudra plus ou moins envelopper la gorge.

De *1* à *1 bis*, donner la moitié de la hauteur *2-5*, et réunir *5* à *1 bis* par une ligne pointillée.

Prendre la moitié de *5* à *1 bis* et y placer le chiffre *3 bis* (voir dessin), puis terminer le haut du corset.

Passer, maintenant, à la ligne des hanches, prise à 20 centimètres au-dessous de la ligne de taille, et donner, de *6* à *7*, le 1/3 de *1 bis* à *3 bis*.

Exemple : largeur de *1 bis* à *3 bis*	8 centimètres 5 mm.,
le 1/3 de 8 centimètres 5 mm. étant de	2 centimètres 9 mm.,

c'est cette mesure que l'on comptera de *6* à *7*.

Réunir alors *3 bis* à *7*, par une ligne pointillée, et rentrer 1 centimètre à droite de cette ligne, sur la ligne de taille (se reporter au dessin).

Pour terminer cette pièce, tracer une ligne pleine et marquer sur la ligne de taille les chiffres *8* et *9*.

De *4* vers *10*, rentrer 1 centimètre à droite de la ligne pointillée, et marquer le chiffre *10* qu'il faut réunir au chiffre *5*.

Donner enfin, comme largeur à cette pièce, c'est-à-dire de *10* à *11*, la même largeur que de *8* à *9*.

Réunir encore *3 bis* à *11* par une ligne pleine prolongée jusqu'au bas du corset, comme l'indique le dessin.

De *12* à *13*, même largeur que de *6* à *7*, puis réunir *10* à *13* pour finir la pièce (consulter dessin).

Comme nous habillons une taille excessivement forte, il faut, afin qu'elle conserve une ligne élégante, terminer le devant du corset par trois pièces, au lieu de deux comme dans le précédent modèle.

Pour établir ces trois pièces, tracer un rectangle, basé sur le plus fort complément des hanches, soit sur celui pris à 20 centimètres au-dessous de la ligne de taille.

Exemple : point d'aplomb des hanches	27 centimètres.
les largeurs *6-7* et *12-13* des deux pièces du devant	6 centimètres.
total	33 centimètres.

Le 1/2 tour des hanches à 20 centimètres étant de 60 centimètres, et les pièces déjà dessinées fournissant 33 centimètres, la largeur de *14* à *15* aura la différence entre ces deux mesures.

Exemple : 1/2 tour des hanches	60 centimètres.
largeur déjà fournie	33 centimètres.
la largeur *14* à *15* est égale à	27 centimètres.

Fermons le rectangle *14-15-16-18*, et remontons, à présent, la ligne de taille de *18* à *19*, du 1/10 de la largeur du rectangle *14* à *15*, soit de 2 centimètres 5 mm. Réunir *19* à *16* par une ligne pointillée.

Tracer alors les lignes des hanches à *12* et à *20*.

Sur la ligne de poitrine, il faut maintenant définir la longueur de chacune des pièces.

Pour cela, chères lectrices, calculer à nouveau le complément du 1/2 tour de poitrine, car il est de toute nécessité de bien comprendre ce que l'on fait pour obtenir de bons résultats.

Exemple : 1/2 tour de poitrine.................. 56 centimètres.
point d'aplomb de la poitrine........ 22 centimètres.

différence ou complément du 1/2 tour
de poitrine..................... 34 centimètres.

De ces 34 centimètres, nous avons déjà soustrait la moitié pour les deux premières pièces du devant, soit 17 centimètres.

Il nous reste donc, pour les trois autres pièces, 17 centimètres, dont on prendra le 1/3 pour chacune.

Exemple : moitié du complément du
1/2 tour de poitrine........ 17 centimètres.
le 1/3 de 17 centimètres est de 5 centimètres 6 mm.

On donnera donc, de *14* à *21*, une largeur de 5 centimètres 6 mm., de même que de *15* à *20*.

Pour placer la troisième pièce, il faut prendre la moitié de la distance *20* à *21*, et porter de chaque côté du milieu la moitié de la largeur que doit avoir la troisième pièce, c'est-à-dire 2 centimètres 8 mm. En opérant ainsi, le troisième tiers, soit 5 centimètres 6 mm. se trouvera placé de *22* à *23*.

Continuons, lectrices, en cherchant la largeur des pièces sur la ligne de taille.

Exemple : demi-tour de taille.................. 40 centimètres.
moins le point d'aplomb de la taille... 16 centimètres.
et les largeur *6-7* et *12*.............. 7 centimètres.

ensemble.......................... 23 centimètres.

Complément du 1/2 tour de taille .... 17 centimètres.

Diviser ce complément en 3 parties égales, comme sur la ligne de poitrine, et on aura ainsi la largeur de chaque pièce à la taille.

Exemple : 17 centimètres de complément de la taille divisés en trois, donnent 5 centimètres 5 mm. pour chaque pièce.

Il faut d'abord en porter le premier tiers, de *16* à *25* sur la ligne de taille.

Mais avant d'aller plus loin, chères lectrices, on doit s'occuper de l'excédent de la taille afin de rentrer le premier tiers de cet excédent de *19* à *24* (voir dessin).

La première pièce, de *16* à *25*, sur la ligne de taille, donnant déjà le tiers du complément du demi-tour de taille, soit 5 centimètres 5 mm., il reste donc, pour les deux autres pièces, 11 centimètres.

L'excédent est donc égal à la différence qu'il y a entre ces 11 centimètres et la largeur *19* à *25* (consulter le dessin), qui est de 25 centimètres.

Exemple : largeur *19* à *25*...................... 25 centimètres.
moins la largeur des deux autres pièces. 11 centimètres.

excédent................. 14 centimètres.

C'est le tiers de cet excédent, soit 4 centimètres 6 mm., que l'on portera de *19* à *24*.

De *24* à *28*, même largeur que de *16* à *25*, soit 5 centimètres 5 mm.

Enfin, la troisième pièce doit être placée à la moitié de la distance *28* à *25* et avoir la même largeur que les deux autres pièces, soit 5 centimètres 5 mm., de *26* à *27*.

Pour terminer le haut, réunir *25* à *21*, *26* à *22*, *27* à *23*, *28* à *20* et *24* à *15*, en portant sur cette dernière ligne la hauteur du dessous de bras, moins 4 centimètres, et réunissant *5* à *20* (se reporter au dessin).

Cintrer d'un demi-centimètre à la moitié des distances *23-27* et *20-28*, puis rapprocher les pièces à la taille, et arrondir de 1 centimètre 5 mm. environ, à *27-28*, comme l'indique la *fig. 33*.

Il ne reste plus maintenant pour terminer le corset qu'à s'occuper de la ligne des hanches prise à 20 centimètres.

Prendre d'abord le tiers de *29* à *32* et porter ce tiers, moins 4 centimètres, de *29* à *30*.

Exemple : la largeur *29* à *32* est égale à 27 centimètres, le tiers de 27 étant de 9 centimètres, c'est donc 9 centimètres, moins 4 centimètres, que l'on portera de *29* à *30*, soit 5 centimètres.

Placer le chiffre *31*, à la moitié de la distance *32* à *30* (voir le dessin).

Pour finir, réunir *25* à *30*, *30* à *26*, *31* à *27*, *31* à *28*, *32* à *24*, et sur la ligne des hanches à 12 centimètres, vérifier le demi-tour des hanches (se reporter au dessin). Arrondir enfin le bas du corset.

Avec ce modèle, nous en avons fini avec la série des corsets gaine, sans gousset.

QUATORZIÈME LEÇON

❖ ❖ ❖

Corset gaine (9 pièces)

(avec goussets de dos et de poitrine)

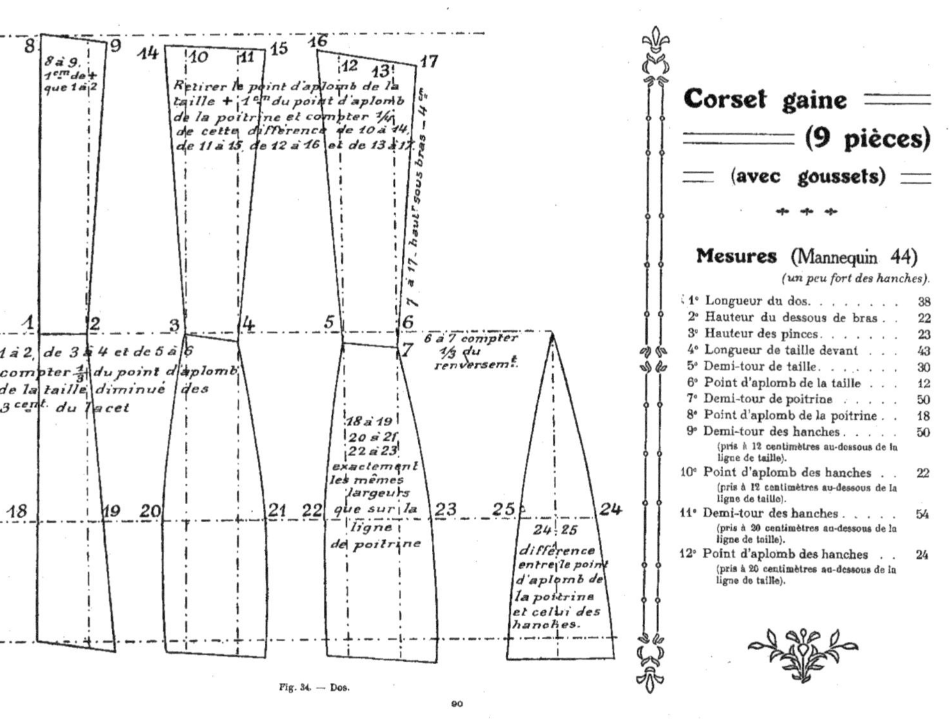

Fig. 34. — Dos.

Corset gaine
(9 pièces)
(avec goussets)

✢ ✢ ✢

Mesures (Mannequin 44)

(un peu fort des hanches).

1° Longueur du dos.		38
2° Hauteur du dessous de bras . .		22
3° Hauteur des pinces.		23
4° Longueur de taille devant . . .		43
5° Demi-tour de taille.		30
6° Point d'aplomb de la taille . . .		12
7° Demi-tour de poitrine		50
8° Point d'aplomb de la poitrine . .		18
9° Demi-tour des hanches.		50
(pris à 12 centimètres au-dessous de la ligne de taille).		
10° Point d'aplomb des hanches . .		22
(pris à 12 centimètres au-dessous de la ligne de taille).		
11° Demi-tour des hanches.		54
(pris à 20 centimètres au-dessous de la ligne de taille).		
12° Point d'aplomb des hanches . .		24
(pris à 20 centimètres au-dessous de la ligne de taille).		

Corset gaine = (9 pièces) (avec goussets)

✦ ✦ ✦

Remarque

Ce corset gaine, à goussets de dos et de poitrine, est préférable à ceux sans gousset, pour les personnes ayant les hanches fortes ou voulant s'avantager la poitrine, car tous les corsets sans gousset, soit aux hanches, soit à la poitrine, ont une tendance à aplatir.

Pour les personnes portant des corsets longs derrière, et ayant cette partie très ressortie, il faut faire un gousset. Celui-ci, en effet, évite une trop grande cambrure entre les pièces, cambrure qui occasionne toujours beaucoup de difficultés pour leur assemblage.

Pour l'assemblage et le baleinage, se reporter à la leçon « Assemblage et Baleinage des Corsets » à la fin du volume.

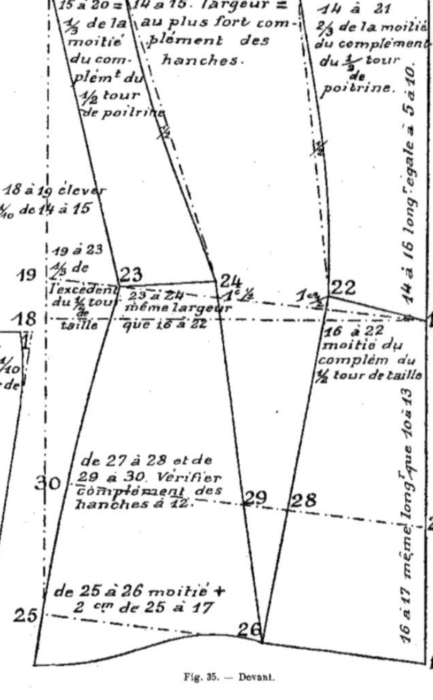

Fig. 35. — Devant.

EXPLICATION DE LA QUATORZIÈME LEÇON

Dos

CE nouveau modèle ayant beaucoup d'analogie avec les corsets gaine, sans gousset, nous sommes sûres, chères lectrices, qu'avec un peu d'attention vous exécuterez celui-ci très facilement.

Commençons par tracer le dos.

Une fois les lignes de construction terminées, passons à la ligne de taille, où l'on doit donner comme largeur aux rectangles *1* à *2*, *3* à *4*, *5* à *6*, le 1/3 du point d'aplomb de la taille, diminué des 3 centimètres du lacet.

Ces rectangles sont indiqués dans toute la hauteur du corset par des lignes pointillées (voir *fig. 34*).

> *Exemple* : point d'aplomb de la taille .... 12 centimètres.
> moins les 3 centimètres du lacet ...... 3 centimètres.
> reste................. 9 centimètres.

Ces 9 centimètres, partagés en 3 parties égales, soit 3 centimètres pour chacune, donnent les largeurs *1* à *2*, *3* à *4*, *5* à *6* (consulter le dessin).

Puis, toujours sur la ligne de taille, descendre de *6* à *7*, du tiers du renversement.

> *Exemple* : longueur de taille devant .... 43 centimètres.
> longueur de taille du dos............. 38 centimètres.
> renversement .... 5 centimètres.

Il faut donc descendre, de *6* à *7*, des 1/3 du renversement, soit de 1 centimètre 6 mm.

Se reporter maintenant à la ligne de poitrine, et ajouter, à droite du rectangle *1-2*, 1 centimètre et marquer le chiffre *9*.

Faire de même sur la ligne des hanches à 12 centimètres, placer le chiffre *19*; terminer la pièce, en réunissant *2* à *9* et *2* à *19* et en continuant la ligne jusqu'au bas du corset (se reporter au dessin).

A présent, chères lectrices, on détermine les distances *10-14*, *11-15*, *12-16* et *13-17*, en additionnant les largeurs *8* à *9*, *10* à *11*, *12* à *13* et les 3 centimètres du lacet, et en retirant ce total du point d'aplomb de la poitrine. C'est le quart de la différence qui donne chacune des distances ci-dessus.

> *Exemple* : largeur *8* à *9*...................... 4 centimètres.
> largeur *10* à *11*...................... 3 centimètres.
> largeur *12* à *13*...................... 3 centimètres.
> largeur du lacet .... 3 centimètres.
> total................. 13 centimètres.

Différence entre ce total et le point d'aplomb de la poitrine.

> *Exemple* : point d'aplomb de la poitrine .... 18 centimètres.
> moins le total ci-dessus, soit.......... 13 centimètres.
> différence................. 5 centimètres.

Nous le répétons, c'est le quart de cette différence, c'est-à-dire 1 centimètre 3 mm., qu'il faut porter de *10* à *14*, de *11* à *15*, de *12* à *16* et de *13* à *17*.

Porter ensuite, de *7* à *17*, la hauteur du dessous de bras moins 4 centimètres et terminer le haut du corset en réunissant *8* à *17*; arrondir la taille comme d'habitude.

Sur la ligne des hanches à 12 centimètres, l'explication est très simple, car dans cette forme de corset on donne, à droite et à gauche des lignes pointillées, la même largeur que sur la ligne de poitrine, soit le quart de la différence calculée ci-dessus, 1 centimètre 3 mm. (voir dessin).

Pour les hanches, on réunira *3* à *20*, *4* à *21*, *5* à *22*, *7* à *23*, par des lignes légèrement courbes qui seront prolongées jusqu'au bas du corset (voir dessin).

GOUSSET DU DOS :

Tracer une ligne verticale pointillée partant de la ligne de taille et se terminant au bas du corset.

Pour obtenir la largeur *24* à *25*, sur la ligne des hanches prise à

12 centimètres au-dessous de la ligne de taille, additionner les largeurs *18 à 19*, *20 à 21*, *22 à 23*, et les 3 centimètres du lacet; déduire le total du point d'aplomb des hanches à 12 centimètres.

> *Exemple* : point d'aplomb des hanches à 12 centim". 22 centimètres.
> moins les largeurs ci-dessus et le lacet.. 18 centimètres.
>
> différence............ 4 centimètres.

C'est cette différence, soit 4 centimètres, que l'on porte par moitié de chaque côté de la ligne pointillée, de *24 à 25*.

Faire de même sur la ligne des hanches à 20 centimètres, en calculant, naturellement, sur le point d'aplomb des hanches à 20 centimètres.

Ce gousset se place entre les deux pièces *4-21* et *5-22*.

Le dos du corset se trouve ainsi terminé.

Devant

Continuons la leçon, lectrices, par le tracé du devant, qui, sauf l'indication de la largeur *1 à 2* des deux premières pièces et la largeur des deux autres pièces *14 à 21* et *20 à 15*, ne sera pour vous que la répétition de celui du devant de la série des corsets gaine.

Les lignes de construction indiquées, donner comme largeur au premier rectangle, sur la ligne de poitrine de *1 à 2*, la moitié du complément du demi-tour de poitrine, diminuée du 1/10 du demi-tour de poitrine, réservé au gousset.

> *Exemple* : demi-tour de poitrine................. 50 centimètres.
> moins le point d'aplomb de la poitrine. 18 centimètres.
>
> complément.............. 32 centimètres.

C'est de ces 32 centimètres de complément qu'il faut retrancher le 1/10 du 1/2 tour de poitrine réservé au gousset, avant de déterminer la largeur des pièces sur la ligne de poitrine.

> *Exemple* : demi-tour de poitrine.................. 50 centimètres.
> 1/10 du demi-tour de poitrine.......... 5 centimètres.

Le complément étant de 32 centimètres, en déduisant les 5 centimètres réservé au gousset et en prenant la moitié de la différence, on aura la largeur *1-2* du premier rectangle.

> *Exemple* : complément du 1/2 tour de poitrine.... 32 centimètres.
> moins le 1/10 du 1/2 tour de poitrine, soit 5 centimètres.
>
> reste .... 27 centimètres.

C'est donc la moitié de ce reste, soit 13 centimètres 1/2, qui sera portée de *1 à 2*.

Fermer ensuite le rectangle *1*, *2*, *3* et *8*.

Elever la ligne de taille, de *3 à 4*, des 2/3 du renversement.

> *Exemple* : longueur de taille devant............. 43 centimètres.
> longueur de taille du dos .,........ 38 centimètres.
>
> renversement............. 5 centimètres.

De *3* à *4* en porter les 2/3, soit 3 centimètres 2 mm. (*fig. 35*).

Au-dessus de la ligne de poitrine, à partir du chiffre *2*, compter de *2* à *5*, une mesure variant de 2 à 8 centimètres, suivant la hauteur que doit avoir le corset à la poitrine.

Donner de *1 à 1 bis* la moitié de *2 à 5*, puis réunir *5* à *1 bis*, par une ligne pointillée et arrondir le haut du corset.

Ensuite, lectrices, prendre la moitié de *5 à 1 bis* et y placer le chiffre *3 bis*.

Il s'agit maintenant de dessiner les pièces.

Sur la ligne des hanches à 20 centimètres au dessous de la ligne de taille, compter, de *6* à *7*, le 1/3 ou la moitié de *1 bis à 3 bis* (de préférence la moitié pour les personnes fortes de hanches). Pour finir cette première pièce, réunir *7* à *3 bis*, par une ligne pointillée, qui sera cintrée de 1 centimètre à la taille, et tracer une ligne pleine, de *3 bis* à *9* et de *9* à *7* (se reporter au dessin).

Traçons ensuite les contours de la deuxième pièce, en commençant par rentrer 1 centimètre à droite de la ligne pointillée, de *4* à *10* (consulter le dessin) et en réunissant *10* à *5* par une ligne pleine.

Sur la ligne de taille, de *10* à *11*, donner une même largeur que de *9* à *8*, puis tracer une ligne pleine partant de *3 bis*, passant par *11*, et allant jusqu'au bas du corset.

Donner comme distance, de *12* à *13*, la même longueur que de *6* à *7* et réunir *13* à *10*.

GOUSSET DE POITRINE :

Ceci fait, chères lectrices, nous allons dessiner le gousset de poitrine.

Ce gousset devant être placé entre les chiffres *3 bis-9* et *3 bis-11*, c'est donc une verticale pointillée de cette longueur que l'on tracera préalablement.

Donner comme largeur de *1* à *2* le 1/10 du 1/2 tour de poitrine, qui a été réservé au gousset au début de l'explication du devant, soit 5 centimètres, auxquels on ajoutera 2 centimètres pour donner de l'aisance à la poitrine (terminer comme l'indique le dessin).

Les deux autres pièces sont entièrement semblables à celles des corsets gaine.

Sur la ligne de poitrine, donner comme largeur, de *14* à *15*, le complément des hanches pris à 20 centimètres au-dessous de la ligne de taille.

> *Exemple* : point d'aplomb des hanches à 20 cen-
> timètres .... 24 centimètres.
> plus les largeurs *6* à *7* et *12* à *13* du
> devant .... 6 centimètres.
> total .... 30 centimètres.

Ce total doit être déduit du 1/2 tour des hanches à 20 centimètres, on obtient, ainsi, le complément des hanches.

> *Exemple* : 1/2 tour des hanches à 20 centimètres. 54 centimètres.
> moins le total ci-dessus .... 30 centimètres.
> complément .... 24 centimètres.

Ce complément, 24 centimètres, détermine donc la largeur de *14* à *15*.

De *14* à *16*, donner la même hauteur que de *10* à *5* et fermer le rectangle *14*, *15*, *16*, *18*.

Sur la ligne de taille, élever *18* à *19* du 1/10 de la largeur du rectangle, soit de 2 centimètres 4 mm., puis réunir par une ligne pointillée *19* à *16*.

Indiquer, de suite, en lignes pointillées, les lignes des hanches à 12 et à 20 centimètres au-dessous de la ligne de taille, de *16* à *27* et de *19* à *30* pour celle à 12 centimètres, de *16* à *17* et *19* à *25* pour celle à 20 centimètres.

Passons, maintenant, sur la ligne de poitrine. Donner comme largeur, pour les deux pièces, la moitié du complément du 1/2 tour de poitrine, diminué de la largeur réservée du gousset.

La largeur de ces deux pièces est égale à la largeur *1* à *2* du premier rectangle, soit 13 centimètres 5 mm., qui sont ainsi répartis : 1/3 de *15* à *20* et les autres 2/3 de *14* à *12*.

Exemple : largeur pour les deux pièces, 13 centimètres 5 mm. ; le 1/3, soit 4 centimètres 5 mm., sera porté de *15* à *20*, et les deux autres tiers, soit 9 centimètres, seront portés de *14* à *21*.

Ceci terminé, retourner à la ligne de taille et donner comme largeur, de *16* à *22*, la moitié du complément du 1/2 tour de taille.

> *Exemple* : point d'aplomb de la taille .... 12 centimètres.
> plus les largeurs *9* à *8* et *10* à *11* du
> devant .... 8 centimètres.
> total .... 20 centimètres.

La différence entre le 1/2 tour de taille et ce total donne le complément du 1/2 tour de taille.

> *Exemple* : 1/2 tour de taille .... 30 centimètres.
> moins le total ci-dessus .... 20 centimètres.
> complément du 1/2 tour de taille ..... 10 centimètres.

C'est donc la moitié de ce complément, soit 5 centimètres, que l'on comptera de *16* à *22*.

Avant d'indiquer la largeur de la pièce *23* à *24*, calculer l'excédent de la taille, afin d'en porter le 1/3 de *19* à *23*.

Sur la ligne de taille de *19* à *22*, on compte 16 centimètres, mais il ne faut que 5 centimètres pour la dernière pièce, donc c'est la différence entre ces deux mesures qui donne l'excédent.

> *Exemple* : largeur de *19* à *22* .... 16 centimètres.
> moins la largeur que doit avoir la pièce
> *23* à *24* .... 5 centimètres.
> excédent ...... 11 centimètres.

Prendre le 1/3 de cet excédent, soit 3 centimètres 6 mm., que l'on portera de *19* à *23*. Donner ensuite 5 centimètres, largeur que doit avoir la pièce *23-24* à la taille.

De *23* à *15*, porter la hauteur du dessous de bras, moins 4 centimètres, et réunir *15* à *20* ; joindre aussi *24* à *20* et *22* à *21* par des lignes pointillées, cintrées de 1/2 centimètre à la moitié (voir dessin).

Rassembler ces lignes à la taille et tracer à nouveau la ligne de taille en élevant, de 1 centimètre 5 mm., aux points *22-24*, comme l'indique la *fig. 35*.

Sur la ligne des hanches à 20 centimètres, donner comme largeur de *25* à *26*, la moitié, plus 2 centimètres, de *25* à *17*.

> *Exemple* : largeur *25* à *17* .... 24 centimètres.

De *25* à *26*, c'est donc 12 centimètres, plus 2 centimètres, soit 14 centimètres qu'il faut porter.

Pour terminer, réunir *23* à *25*, *24* à *26*, et *22* à *26* ; puis, à 12 centimètres au-dessous de la ligne de taille, vérifier le complément du 1/2 tour des hanches.

Ce nouveau modèle de corset se trouve ainsi complètement tracé.

✛ ✛ ✛

Corset soutien-gorge
(9 pièces)

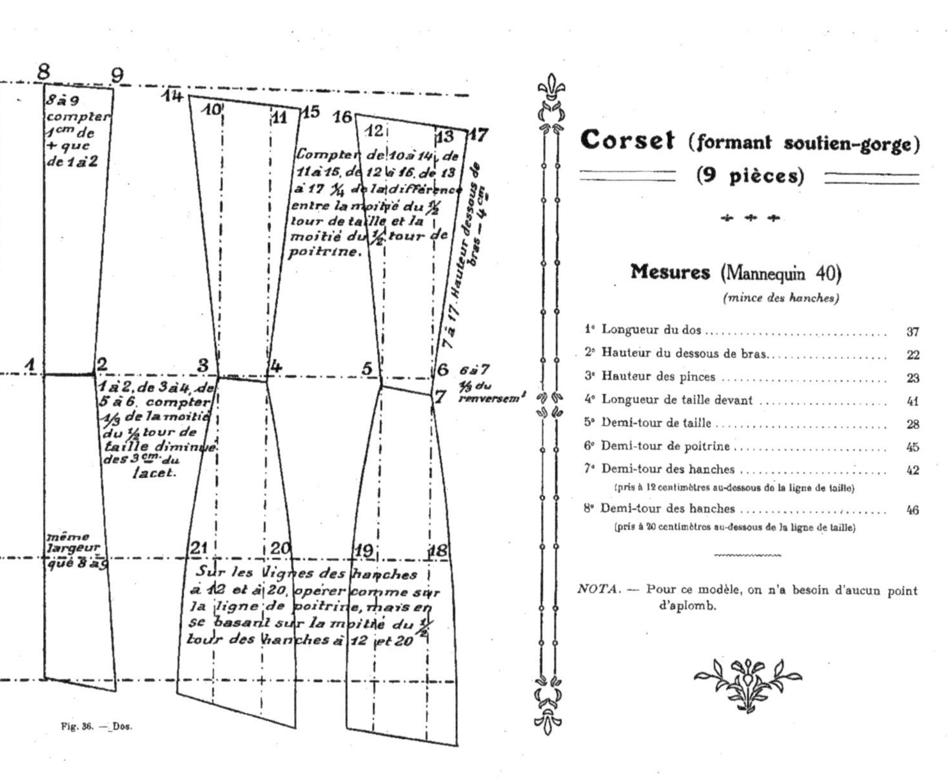

Fig. 36. — Dos.

Corset (formant soutien-gorge)
(9 pièces)

+ + +

Mesures (Mannequin 40)

(mince des hanches)

1ᵉ Longueur du dos 37
2ᵉ Hauteur du dessous de bras.................... 22
3ᵉ Hauteur des pinces 23
4ᵉ Longueur de taille devant 41
5ᵉ Demi-tour de taille 28
6ᵉ Demi-tour de poitrine 45
7ᵉ Demi-tour des hanches 42
(pris à 12 centimètres au-dessous de la ligne de taille)
8ᵉ Demi-tour des hanches 46
(pris à 20 centimètres au-dessous de la ligne de taille)

NOTA. — Pour ce modèle, on n'a besoin d'aucun point d'aplomb.

Corset (formant soutien-gorge)
(9 pièces)

+ + +

Remarque

Ce corset, de forme tout-à-fait nouvelle dans l'industrie, est encore fort peu connu car, seules les grandes maisons faisant le corset de luxe, toujours à la recherche d'inédit et des modifications pouvant satisfaire les exigences de la mode, l'établissent et le cachent avec un soin jaloux.

Il est vrai qu'il remplace avantageusement le soutien-gorge, n'ayant pas, comme ce dernier, l'inconvénient d'avoir besoin de bretelles, puisqu'il n'est soutien que sur le devant, et que le dos de ce corset soutien-gorge est un dos de corset ordinaire. De plus, il amincit beaucoup les hanches et se recommande aux personnes souffrant de l'estomac.

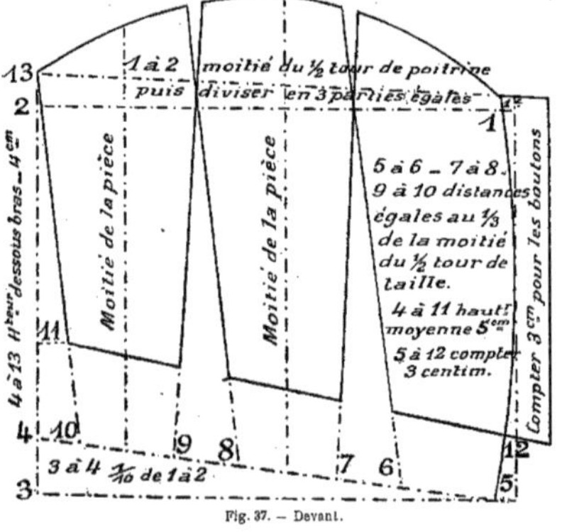

Fig. 37. — Devant.

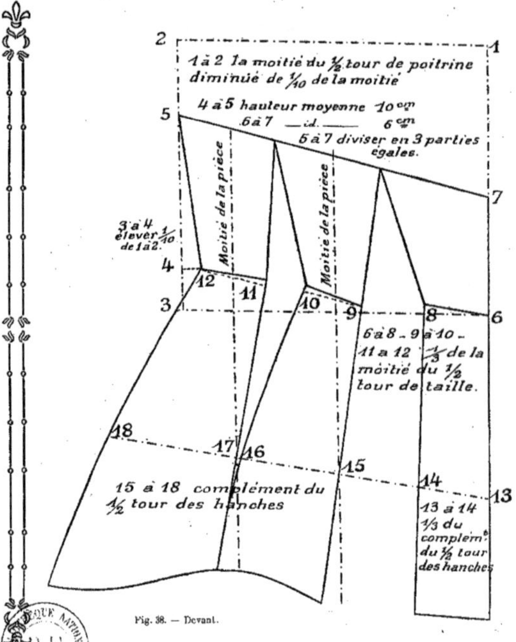

Fig. 38. — Devant.

Corset formant soutien-gorge (9 pièces)

✢ ✢ ✢

EXPLICATION DE LA QUINZIÈME LEÇON

Dos

LE dos de ce corset se fait sur les mêmes principes que ceux des corsets droits et ceux des corsets gaine, mais, avec cette différence, que les rectangles sont basés sur la moitié du 1/2 tour de taille, la 1/2 du demi-tour de poitrine et la moitié du 1/2 tour des hanches.

Nous allons donc, chères lectrices, dès les lignes de construction tracées, donner comme largeur sur la ligne de taille de *1* à *2*, de *3* à *4* et de *5* à *6*, 1/3 de la moitié du 1/2 tour de taille, diminuée des 3 centimètres du lacet.

> *Exemple :* moitié du 1/2 tour de taille . . . . 14 centimètres.
> moins le lacet . . . . 3 centimètres.
>
> reste . . . . 11 centimètres.

De ces 11 centimètres, prendre le 1/3, soit 3 centimètres 6 mm., et le porter de *1* à *2*, de *3* à *4* et de *5* à *6* (*fig. 36*).

De *6* à *7*, descendre la ligne de taille du 1/3 du renversement.

> *Exemple :* longueur de taille devant . . . . 41 centimètres.
> longueur de taille du dos . . . . 37 centimètres.
>
> renversement . . . . . . 4 centimètres.

Le renversement étant de 4 centimètres, c'est son 1/3, soit 1 centimètre 3 mm., qu'il faut porter de *6* à *7*.

Tracer ensuite des rectangles en lignes pointillées, dans toute la hauteur du corset (consulter le dessin).

Sur la ligne de poitrine, compter de *8* à *9*, 1 centimètre de plus que de *1* à *2*, faire de même sur la ligne des hanches à 12 centimètres au-dessous de la taille.

Toujours sur la ligne de poitrine, pour avoir les distances *10* à *14*, *11* à *15*, *12* à *16* et *13* à *17*, retirer la moitié du 1/2 tour de taille de la moitié du 1/2 tour de poitrine, et donner aux distances ci-dessus le 1/4 de la différence.

> *Exemple :* moitié du 1/2 tour de poitrine. 22 centimètres 5 mm.
> moitié du 1/2 tour de taille . . . . 14 centimètres.
>
> différence . . . . 8 centimètres 5 mm.

C'est le 1/4 de cette différence, soit 2 centimètres 1 mm., que l'on portera de *10* à *14*, de *11* à *15*, de *12* à *16* et de *13* à *17*.

Réunir ces différents points à la taille, puis rapprocher les pièces à la taille, arrondir celle-ci de *1* à *7* et compter, de *7* à *17*, la hauteur du dessous de bras moins 4 centimètres ; enfin arrondir le haut du corset, de *8* à *17*.

Sur la ligne des hanches, à 12 centimètres au-dessous de la taille, faire comme pour la ligne de poitrine, mais en se basant sur la moitié du 1/2 tour des hanches.

> *Exemple :* moitié du 1/2 tour des hanches à 12 . . 21 centimètres.
> moins la moitié du 1/2 tour de taille . . . 14 centimètres.
>
> différence . . . . 7 centimètres.

C'est donc le 1/4 de cette différence, soit 1 centimètre 7 mm., que l'on marquera, à droite et à gauche des lignes pointillées, sur la ligne des hanches à 12 centimètres au-dessous de la taille, en plaçant les chiffres *18*, *19*, *20*, *21* (se reporter au dessin).

Faire de même sur la ligne des hanches à 20 centimètres, mais en calculant sur la moitié du 1/2 tour des hanches, pris à 20 centimètres au-dessous de la taille, et terminer les pièces par des lignes légèrement arrondies.

Devant

Chères lectrices, bien que vous établissiez pour la première fois un corset soutien-gorge, c'est-à-dire un corset dont le devant se compose d'un corset-ceinture, auquel on adapte un devant de soutien-gorge, le tracé vous en paraîtra très facile, ces deux pièces étant basées sur les mêmes principes que les corsets baleinés sur les coutures.

Les lignes de construction dessinées, donner comme largeur de *1* à *2*, la moitié du 1/2 tour de poitrine, diminuée de son 1/10.

> *Exemple* : 1/2 tour de poitrine............ 45 centimètres.
> moitié du 1/2 tour de poitrine.. 22 centimètres 5 mm.

C'est de ces 22 centimètres 5 mm., qu'il faut retrancher le 1/10 mentionné ci-dessus, soit 2 centimètres 2 mm.

La largeur *1* à *2* est donc égale à 22 centimètres 5 mm., moins son 1/10, c'est-à-dire moins 2 centimètres 2 mm., ce qui donne 20 centimètres 3 mm.

Fermer le rectangle *1, 2, 3, 6* (voir *fig. 38*).

De *3* vers *4*, élever la ligne de taille de 1/10 de la largeur *1* à *2*, soit de 2 centimètres; réunir *4* à *6* par une ligne pointillée.

De *4* vers *5*, hauteur moyenne 10 centimètres; de *6* vers *7*, hauteur moyenne 6 centimètres.

Tracer une ligne pleine, de *5* à *7*, et la partager en 3 parties égales; ensuite, prendre la moitié des deux dernières pièces et tracer des lignes pointillées dans toute la hauteur du corset (consulter le dessin).

Pour la largeur des pièces sur la ligne de taille, compter le 1/3 de la moitié du 1/2 tour de taille.

> *Exemple* : 1/2 tour de taille.................... 28 centimètres.
> moitié du 1/2 tour de taille........... 14 centimètres.

Le tiers de la moitié du 1/2 tour de taille est donc de 4 centimètres 6 mm., que l'on porte de *6* à *8*, de *9* à *10* et de *11* à *12*; mais à ces deux dernières largeurs, par moitié de chaque côté du pointillé, soit 2 centimètres 3 mm.

Réunir ces points *8, 9, 10, 11* et *12* aux divisions de la ligne *5-7*, comme l'indique le dessin, et retracer la ligne de taille, de *12* à *6*, en l'arrondissant légèrement.

Passer, alors, sur la ligne des hanches à 12 centimètres, et compter de *13* à *14*, le tiers de la moitié du 1/2 tour des hanches, moins 3 centimètres.

> *Exemple* : moitié du 1/2 tour des hanches à
> 12 centimètres..................... 21 centimètres.
> 1/3 de la moitié du 1/2 tour des hanches. 7 centimètres.

Donc, de *13* à *14*, compter ce tiers, soit 7 centimètres, moins 2 centimètres, c'est-à-dire 5 centimètres, puis, réunir *8* à *14* par une ligne pleine qui sera prolongée jusqu'au bas du dessin.

Indiquer ensuite le bord de la deuxième pièce, en réunissant *9* à *15* et en prolongeant la ligne jusqu'au bas du corset; faire de même de *11* à *17* et réunir *10* à *16* (consulter la *fig. 38*).

De *15* à *18*, compter le complément de la moitié du 1/2 tour des hanches.

> *Exemple* : moitié du 1/2 tour des hanches....... 21 centimètres.
> largeur *14* à *13*..................... 5 centimètres.
> reste pour la largeur *15* à *18* ..... 16 centimètres.

Vérifier sur la ligne des hanches à 20 centimètres au-dessous de la taille, le 1/2 tour des hanches et terminer le corset-ceinture en réunissant *12* à *18* et en prolongeant suivant la longueur du corset, par une ligne légèrement courbe; arrondir le bas suivant votre goût.

Continuons, chères lectrices, en traçant le haut du corset, c'est-à-dire le soutien-gorge (*fig. 37*).

Faire d'abord les lignes de construction, puis rentrer 1 centimètre sur la ligne de poitrine, à gauche de la ligne pointillée et compter, de *1* à *2*, la moitié du 1/2 tour de poitrine, soit 22 centimètres 5 mm.

Diviser cette largeur en trois parties égales et tracer des lignes pointillées au milieu des deux dernières pièces (consulter le dessin).

Terminer, enfin, le rectangle *1, 2, 3* et *5*.

De *3* à *4*, élever la ligne de taille de 1/10 de *1* à *2*, soit de 2 centimètres 2 mm., réunir *4* à *5* par une ligne pointillée (voir dessin).

Sur la ligne de taille, donner comme largeur à chacune des pièces, un tiers de la moitié du 1/2 tour de taille.

> *Exemple* : moitié du 1/2 tour de la taille.. 14 centimètres.
> le 1/3 de 14 centimètres est de . 4 centimètres 6 mm.

C'est donc 4 centimètres 6 mm. que l'on portera de *5* à *6*, en ayant soin de rentrer 1 centimètre à gauche de la ligne pointillée (voir le dessin), et de *7* à *8*, ainsi que de *9* à *10*, par moitié, soit 2 centimètres 3 mm. de chaque côté des lignes pointillées.

De *4* à *13*, donner la hauteur du dessous de bras, moins 4 centimètres; réunir alors *13* à *1* par une ligne pointillée en laissant au-dessus de *1*, la moitié de la distance de *2* à *13*. L'arrondi du haut du corset est tout à fait facultatif et varie entre 5 et 10 centimètres.

Réunir les points *6, 7, 8, 9* et *10*, avec les divisions du haut du corset, comme l'indique le dessin.

Réunir définitivement les nouveaux points *1* et *5* par une ligne arrondie.

Il est bien entendu que le soutien-gorge ne venant pas jusqu'à la taille, on supprimera, de *4* à *11*, environ 5 centimètres, et de *5* à *12*, environ 3 centimètres.

Pour terminer ce modèle, laisser au bord du devant 3 centimètres pour les boutons (voir *fig. 37*).

SEIZIÈME LECON

+ + +

Soutien-gorge en 5 pièces

Soutien-gorge en 5 pièces

❖ ❖ ❖

Mesures (Mannequin 40)

1° Longueur du dos........................... 37 centimètres.
2° Demi-largeur du dos....................... 15 centimètres.
3° Hauteur des pinces........................ 21 centimètres.
4° Longueur de taille devant................. 41 centimètres.

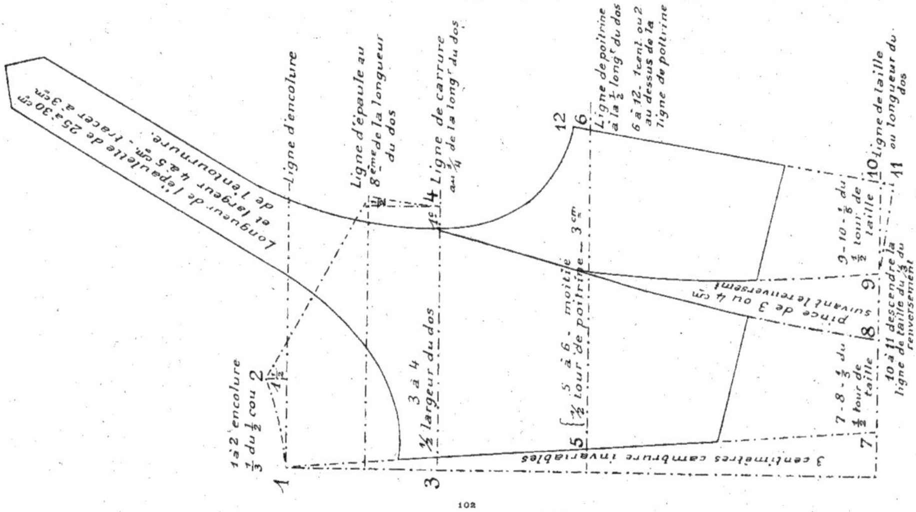

5° Demi-tour de poitrine.................. 45 centimètres.
6° Demi-tour de taille...................... 28 centimètres.
7° Demi-encolure............................ 16 centimètres 5 mm.

102

Soutien-gorge en 5 pièces

✦ ✦ ✦

Remarque

La mode actuelle exigeant des corsets de plus en plus bas de gorge, le soutien-gorge s'impose; pour les personnes très minces, il permet d'avantager la poitrine à l'aide de rembourage, de préférence du crin.

Chez les autres, il maintient la poitrine à sa place, et, chez les personnes très fortes il la diminue, sans pour cela gêner.

Il est d'ailleurs toujours complété par une ceinture.

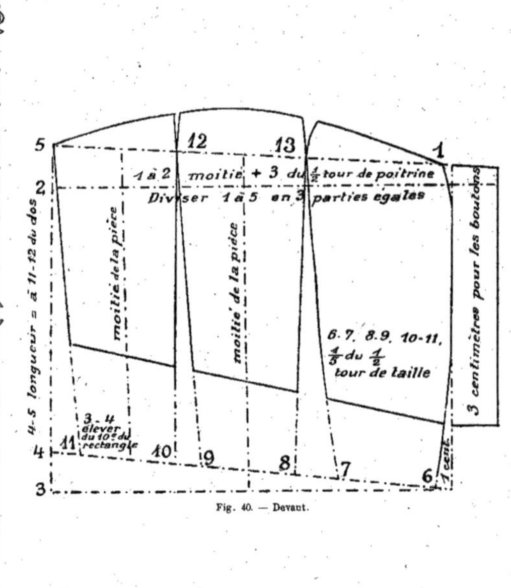

Fig. 40. — Devant.

Soutien-gorge en 5 pièces

❖ ❖ ❖

EXPLICATION DE LA SEIZIÈME LEÇON

Dos

TOUTE la série des corsets étant terminée nous allons maintenant vous démontrer la construction du soutien-gorge.

Depuis quelque temps la mode s'en est beaucoup répandue, et le soutien-gorge accompagné d'une ceinture est admis, même par les plus élégantes ; il remplace bien souvent le corset.

Nous allons d'abord établir les lignes de construction en lignes pointillées (1).

Commençons par tracer, à gauche du papier, un angle droit auquel on donnera comme largeur, sur la ligne horizontale environ 30 centimètres; cette ligne horizontale se nomme la *ligne d'encolure*.

Porter sur la ligne verticale, une longueur égale à la longueur du dos, soit 37 centimètres, et mener une ligne horizontale parallèle à la ligne d'encolure, ce qui donnera la *ligne de taille* (fig. 39).

A la moitié de cette longueur, tracer une autre ligne horizontale qui sera la *ligne de poitrine*.

Exemple : longueur du dos 37 centimètres, c'est donc à la moitié, soit à 18 centimètres 5 mm., que l'on placera cette ligne.

Au quart de la longueur du dos, tirer également une ligne horizontale, qui sera la *ligne de carrure*.

Exemple : longueur du dos 37 centimètres, le quart donne 9 centimètres 2 mm.

C'est donc 9 centimètres 2 mm., que l'on comptera entre les points *1* et *3*.

(1) Si parmi vous, lectrices, il s'en trouve qui aient suivi nos cours de coupe, elles n'auront qu'à se reporter aux lignes de construction du corsage (voir méthode de coupe, 3ᵉ volume du cours complet).

Au 1/8 de la longueur du dos, c'est-à-dire à la moitié de la distance *1-3*, tracer encore une ligne horizontale qui donnera la *ligne d'épaule*.

Toutes ces lignes sont parallèles à la *ligne d'encolure* (voir dessin).

Sur la ligne d'encolure, porter de *1* à *2*, le tiers du demi-cou et élever ce point *2*, de 1 centimètre 5 mm ; réunir *1* et *2* par une courbe pointillée (voir dessin).

Sur la ligne de taille, en partant de la ligne verticale pointillée, compter *3* centimètres et marquer le chiffre *7* ; réunir *7* à *1* par une ligne pointillée (voir dessin).

Sur la ligne de carrure, en partant de la nouvelle ligne que l'on vient de tracer, porter la 1/2 largeur du dos, soit 15 centimètres, ce qui donne le chiffre *4*.

Joindre *4* à la ligne d'épaule par une ligne verticale pointillée (voir dessin). Ressortir à droite de cette ligne verticale, sur la ligne d'épaule, 1/2 centimètre, et tracer la ligne d'épaule en joignant *2* au point donné par le 1/2 centimètre ressorti.

Les lignes de construction complétement terminées, nous allons dessiner le soutien-gorge dont tous les contours seront tracés en lignes pleines.

Commençons par porter, sur la ligne de poitrine, la moitié du demi-tour de poitrine moins 3 centimètres.

Exemple : demi-tour de poitrine, 45 centimètres ; la moitié de ce demi-tour est donc de 22 centimètres 5 mm., desquels on retire 3 centimètres; les 19 centimètres 1/2 qui restent sont portés de *5* à *6*.

Sur la ligne de taille, porter de *7* à *8*, le 1/5 du demi-tour de taille.

Exemple : demi-tour de taille, 28 centimètres ; le 1/5 est donc de 5 centimètres 6 mm., que l'on compte de *7* à *8*.

Sur la ligne de carrure, rentrer 1 centimètre à gauche du point *4*, afin d'éviter que l'entournure ne gêne, et réunir *8* à ce point, en se servant de la courbe spéciale de notre équerre.

De *8* à *9*, compter 3 à 4 centimètres, (3 centimètres pour les tailles normales et 4 centimètres pour les tailles renversées).

Rejoindre, par une seconde courbe, la première courbe en s'arrêtant à la ligne de poitrine (voir dessin).

De *9* à *10*, donner une deuxième fois le 1/5 du demi-tour de taille, soit 5 centimètres 6 mm.

De *10* à *11*, descendre la ligne de taille du 1/3 du renversement.

Exemple : longueur de taille devant............. 41 centimètres.
longueur du dos.................... 37 centimètres

la différence ou renversement est donc de............ 4 centimètres,

dont on portera le tiers, soit 1 centimètre 3 mm., de *10* à *11* ; joindre ensuite *9* à *11*.

Réunir *11* à *6*, en prolongeant la ligne de un centimètre ou de deux au-dessus de la ligne de poitrine et marquer le chiffre *12*.

Remonter, maintenant, à la ligne d'épaule et à 3 centimètres de l'extrémité de cette ligne, c'est-à-dire à l'entournure, dessiner l'emmanchure en réunissant par une ligne courbe le point trouvé au chiffre *12*.

Placer l'équerre sur la ligne d'épaule, en partant du point *2*, puis donner une longueur de 25 à 30 centimètres, pour former l'épaulette qui viendra s'attacher au devant.

Cette épaulette aura une largeur d'environ 4 à 5 centimètres.

Le décolleté étant facultatif, terminer le dos de ce soutien-gorge en l'indiquant comme vous le voudrez au-dessous de la ligne d'épaule.

Pour finir, réunir ce décolleté à l'épaulette par une courbe, comme l'indique le dessin.

Supprimer sur la ligne *1-7*, 10 centimètres et sur la ligne *11-12*, 7 centimètres, puis joindre ces deux points par une ligne pleine qui donne la hauteur du soutien-gorge.

Devant

Commencer d'abord par tracer un rectangle, auquel on donnera comme longueur, sur la ligne verticale, la différence entre la longueur de taille devant et la hauteur des pinces.

Exemple : longueur de taille devant............. 41 centimètres.
hauteur des pinces................... 21 centimètres.

différence.... 20 centimètres.

Donner, comme largeur, sur la ligne horizontale la moitié du demi-tour de poitrine, plus 3 centimètres.

Exemple : demi-tour de poitrine.......... 45 centimètres
moitié de ce demi-tour de poitrine 22 centimètres 5 mm.
auxquels on ajoute 3 centimètres ; c'est donc 25 centimètres 5 mm. que l'on donnera comme largeur à la ligne horizontale.

Fermer alors le rectangle *1,2,3* et *6*.

Elever la ligne de taille, de *3* à *4*, du 1/10 de la largeur du rectangle.

Exemple : largeur du rectangle, 25 centimètres 5 mm., dont le 1/10, soit 2 centimètres 5 mm., sera porté de *3* à *4*.

Réunir, par une ligne pointillée, *4* à *6*, comme l'indique la *fig. 40*.

Sur la ligne *4-2* prolongée, porter de *4* à *5*, la même longueur que de *11* à *12* du dos (voir dessin), ce qui donne le chiffre *5*.

Elever le point *1* de la moitié de la hauteur *2-5* et réunir, par une ligne pointillée, *5* avec ce nouveau point *1*.

A la moitié de *1-5*, élever de 5 à 8 centimètres, suivant que l'on veut plus ou moins envelopper la gorge, et arrondir le haut du soutien-gorge, par une ligne pleine, comme l'indique le dessin.

A gauche du point *1*, rentrer 1 centimètre ; faire de même au point *6* et laisser une croisure de 3 centimètres pour les boutons (voir dessin).

Diviser la largeur *1-5* en 3 parties égales et marquer les chiffres *12* et *13*.

Laisser la première partie intacte, mais tracer à la moitié de *13-12* et de *12-5*, des lignes verticales pointillée, parallèles à la ligne *4-5*.

Passer, maintenant, à la ligne de taille et donner comme largeur, à chaque pièce, 1/5 du demi-tour de taille.

Exemple : demi-tour de taille 28 centimètres, c'est donc le 1/5 de 28 centimètres, soit 5 centimètres 6 mm., que l'on donnera une première fois de *6* à *7*, et réunir *13* à *7* par une ligne pleine.

Porter une deuxième fois, 5 centimètres 6 mm., par moitié de chaque côté de la ligne pointillée, cela donnera les chiffres *8-9*. Réunir enfin *8* à *13* et *9* à *12* par une ligne pleine (voir dessin).

Faire de même à la troisième pièce ; on obtiendra ainsi la largeur *10-11*.

Réunir *10* à *12* et *11* à *5*, par une ligne pleine (voir dessin).

Un soutien-gorge ne devant jamais descendre jusqu'à la taille pour ne pas l'épaissir, on supprime approximativement 10 centimètres sur la longueur du dos, 5 à 6 au dessous de bras, pour arriver de 3 à 4 centimètres sur le devant (voir dessin).

Le soutien-gorge se trouve dès lors terminé.

DIX-SEPTIÈME LEÇON

✦ ✦ ✦

Soutien-gorge en 6 pièces
(pour tailles fortes)

Soutien-gorge en 6 pièces

Mesures (Mannequin 46)

1° Longueur du dos............................ 39 centimètres.
2° Demi-largeur du dos......................... 18 centimètres.
3° Hauteur des pinces .... 23 centimètres.
4° Longueur de taille devant................... 44 centimètres.
5° Demi-tour de poitrine .... 52 centimètres.
6° Demi-tour de taille......................... 34 centimètres.
7° Demi-encolure .... 18 centimètres.

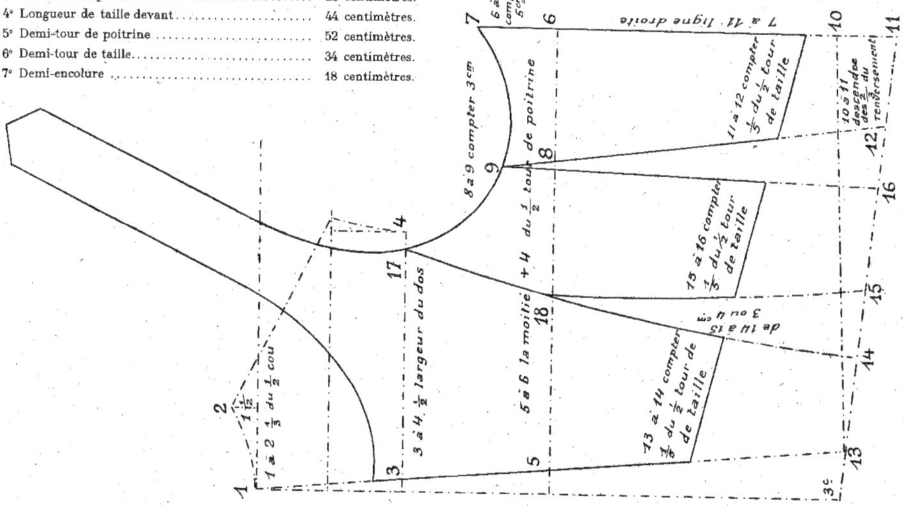

Fig. 41. — Dos.

Remarque

Ce soutien-gorge a les mêmes avantages que les précédents mais il convient aux tailles fortes.

Les soutien-gorge étant très peu baleinés donnent à la femme la silhouette qu'exige la mode actuelle.

Ils ont, en outre, l'avantage de ne pas comprimer l'estomac ; ils peuvent donc être admis par les personnes les plus fragiles.

Du reste, les hygiénistes les recommandent.

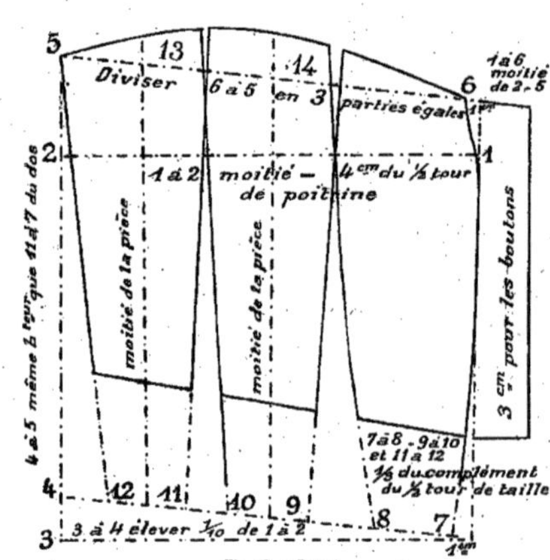

Fig. 42. — Devant.

Soutien-gorge en 6 pièces

Dos

POUR terminer la série nous vous donnerons un dernier soutien-gorge, pour tailles moyennes et tailles fortes, car, ainsi que dans les corsets, il faut augmenter les pièces suivant la taille que l'on doit habiller.

Commencer, comme pour le précédent modèle, par tracer les lignes de construction en les indiquant en pointillé.

Sur la ligne de taille, compter à droite de la ligne verticale, 3 centimètres, ce qui donne le point *13*; réunir *1* à *13* (fig. *41*).

Ceci fait, porter sur la ligne de poitrine, la moitié plus 4 centimètres demi-tour de poitrine.

Exemple : demi-tour de poitrine................ 52 centimètres.
    moitié de ce demi-tour .... 26 centimètres,

plus 4 centimètres, soit 30 centimètres que l'on donne de *5* à *6*.

Tracer au point *6* une ligne verticale, qui sera élevée au-dessus de la ligne de poitrine de 5 centimètres, ce qui donnera le chiffre *7*.

Prolonger cette ligne au-dessous de la ligne de taille, de *10* à *11*, des 2/3 du renversement.

Exemple : longueur de taille devant............... 43 centimètres.
    longueur du dos..................... 39 centimètres.

la différence ou le renversement est donc de........ 4 centimètres,

dont on porte les 2/3, soit 2 centimètres 6 mm., de *10* à *11*; réunir ensuite *6* à *11*, par une ligne pointillée qui devient ligne de taille réelle.

Sur cette ligne, de *13* à *14*, compter 1/5 du demi-tour de taille.

Exemple : demi-tour de taille 35 centimètres; c'est donc le 1/5 de 7 centimètres, soit 7 centimètres, qui sera porté de *13* à *14*.

Sur la ligne de carrure, compter de *4* vers *17*, un centimètre, afin d'éviter que l'entournure ne gêne, et réunir *14* à *17*, en se servant pour la courbe de l'équerre spéciale.

De *14* à *15*, donner comme profondeur à la pince, 3 à 4 centimètres, suivant la tenue de la personne, et réunir *15* à *18*, comme l'indique le dessin.

Compter alors une deuxième fois, de *15* à *16*, le 1/5 du demi-tour de taille, soit 7 centimètres; faire de même, en partant du point *11*, ce qui donne le chiffre *12*, et détermine, en même temps, la profondeur de la pince *12-16*.

Sur la ligne de poitrine, prendre la moitié de *18-6* et placer le chiffre 8. Elever 3 centimètres de *8* à *9*, puis dessiner l'emmanchure comme il est indiqué sur le croquis.

Réunir par des lignes pleines *12* à *9* et *16* à *9*.

Remonter, maintenant, à la ligne d'épaule et, à 3 centimètres de l'extrémité de cette ligne, c'est-à-dire à l'entournure, placer la règle d'équerre sur la ligne d'épaule réelle, puis donner comme longueur à l'épaulette, de 25 à 30 centimètres, et comme largeur, de 4 à 5 centimètres.

Terminer le dos de ce soutien-gorge par un décolleté plus ou moins prononcé. (Consulter le dessin).

Supprimer au bas du soutien-gorge la même hauteur qu'au précédent modèle.

Devant

De même que pour la leçon précédente, tracer un rectangle auquel on donnera comme longueur, sur la ligne verticale, la différence qu'il y a entre la longueur de taille devant et la hauteur des pinces.

Exemple : longueur de taille devant............. 43 centimètres.
    hauteur des pinces.................. 24 centimètres.
       différence....... 19 centimètres.

On donnera à ce rectangle comme largeur sur la ligne horizontale, la moitié du demi-tour de poitrine, moins 4 centimètres.

Exemple : demi-tour de poitrine.............. 52 centimètres.
        moitié de ce demi-tour............... 26 centimètres,

moins 4 centimètres, soit 22 centimètres, et fermer le rectangle par les chiffres *1, 2, 3* et *7*.

De *3* à *4*, élever du 1/10 de la largeur du rectangle, et réunir *4* à *7* par une ligne pointillée qui devient la ligne de taille réelle.

Sur la ligne *4-2*, et dans son prolongement, reporter de *4* à *5* la même hauteur que de *11* à *7* du dos.

De *1* à *6*, donner la moitié de la hauteur *2-5*, et réunir *5* à *6* par une ligne pointillée.

Elever de 5 à 8 centimètres, à la moitié de la largeur *5-6*, selon la hauteur du soutien-gorge et réunir encore *5* à *6* par une ligne arrondie, comme l'indique la *fig. 42.*

A gauche du point *6*, rentrer 1 centimètre ainsi qu'à la taille; faire de même au point *7*, et indiquer 3 centimètres pour la croisure des boutons.

Diviser la largeur *5-6* en 3 parties égales, et marquer *13* et *14.* Laisser la partie *6-14* intacte, et à la moitié de *13-14* et de *5-13* tracer des lignes verticales pointillées, parallèles à la ligne *4-5.*

Descendre, maintenant, sur la ligne de taille et compter, de *7* à *8*, 1/3 du complément du demi-tour de taille.

Exemple : demi-tour de taille 35 centimètres, largeur fournie par les trois pièces du dos sur la ligne de taille, 21 centimètres ; il reste donc pour le devant 14 centimètres, dont on portera le 1/3, soit 4 centimètres 6 mm., une première fois de *7* à *8* ; réunir par une ligne pleine *8* à *14.*

Donner cette même largeur de *9* à *10* et de *11* à *12*, mais par moitié de chaque côté des lignes pointillées.

Réunir *9* à *14*, *10* à *13*, *11* à *13* et *12* à *5.*

Enfin pour terminer, supprimer au bas quelques centimètres, comme on l'a indiqué dans la précédente leçon.

Ceinture en 8 pièces

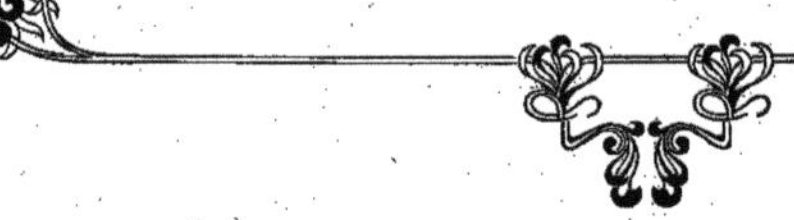

Ceinture en 8 pièces

Mesures

1° Demi-tour de taille.......................... 31 centimètres.

2° Demi-tour des hanches.................... 45 centimètres.
(pris à 12 centimètres au-dessous de la ligne de taille)

3° Demi-tour des hanches..................... 51 centimètres.
(pris à 20 centimètres au-dessous de la ligne de taille)

Nota

Nous devons tenir notre ceinture 3 centimètres plus étroite que les mesures ci-dessus, de manière à pouvoir la serrer à volonté. Nous déduirons donc ces 3 centimètres avant de commencer le patron, afin d'éviter toute confusion.

1° Demi-tour de taille.......................... 28 centimètres.

2° Demi-tour des hanches...................... 42 centimètres.

3° Demi-tour des hanches...................... 48 centimètres.

Remarque

La ceinture-corset que représente ce modèle, est très usitée en ce moment où la mode réclame l'effacement des hanches et du ventre.

Les femmes les plus élégantes en seront satisfaites, car elles obtiendront la même silhouette qu'avec un corset très droit, à la condition de la compléter par un soutien-gorge.

Nous la recommandons encore aux personnes souffrant de maladies d'estomac, à qui le port du corset est impossible.

Cette forme de ceinture se fait surtout dans les bonnes maisons de corsets, en coutil, broché, batiste, etc.; on déploie pour sa confection autant de recherche et de minutie que pour les corsets les plus luxueux.

Ceinture en 8 pièces

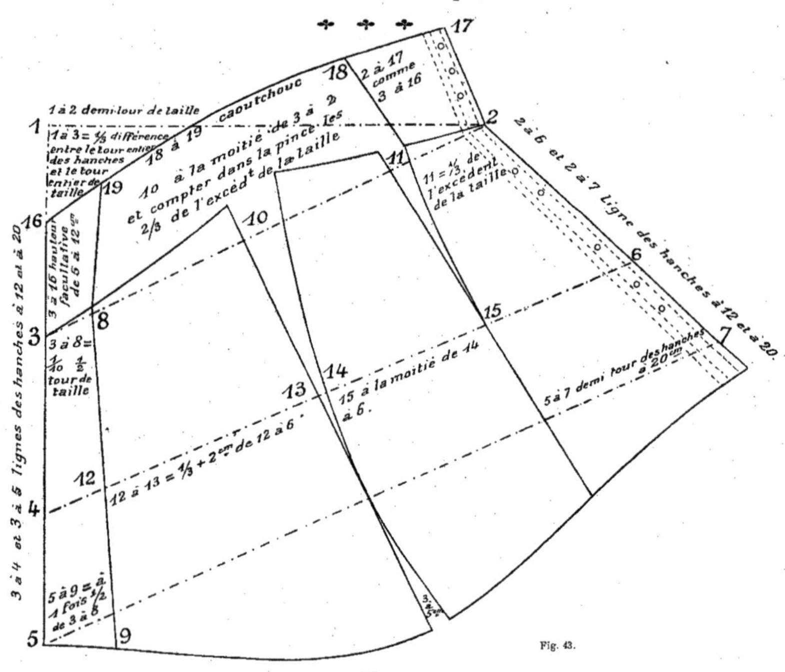

Fig. 43.

Ceinture en 8 pièces

EXPLICATION DE LA DIX-HUITIÈME LEÇON

NOUS ne saurions, chères lectrices, trop retenir votre attention sur cette ceinture qui, d'une coupe irréprochable, possède tous les avantages qu'exige la mode actuelle ;

Commençons, par tracer un angle droit à gauche du papier. Compter ensuite sur la ligne horizontale, de *1* à *2*, le demi-tour de taille, soit 28 centimètres (*fig. 43*).

Sur la ligne verticale, de *1* à *3*, porter 1/3 de la différence entre le tour entier des hanches et le tour entier de taille.

> *Exemple* : tour entier de taille................. 56 centimètres.
> tour entier des hanches (pris à 20 centimètres au-dessous de la taille)..... 96 centimètres.
> différence................ 40 centimètres.

C'est le 1/3 de cette différence, soit 13 centimètres 3 mm., qu'il faudra compter de *1* à *3* (voir dessin).

Réunir *3* à *2* par une ligne pointillée. Indiquer alors les lignes des hanches à 12 centimètres et à 20 centimètres, au-dessous de la ligne de taille, en traçant des points *4* et *5* des lignes pointillées parallèles à la ligne de taille *3-2*.

Puis, donner comme longueur, de *5* à *7*, le demi-tour des hanches, pris à 20 centimètres au-dessous de la ligne de taille, soit 48 centimètres.

Réunir *2* à *7*, par une ligne pleine (consulter le dessin). Se reporter à la ligne de taille, prendre la moitié de *3* à *2* et marquer le chiffre *10*.

Nous retenons, ici, votre attention, lectrices, pour vous faire remarquer qu'à ce chiffre nous élevons 3 centimètres au-dessus de la ligne de taille, afin de donner l'arrondi nécessaire aux hanches (se reporter au dessin).

Ceci bien compris, nous commençons à dessiner la pièce du devant.

Sur la ligne de taille, de *3* à *8*, compter 1/10 du demi-tour de taille.

> *Exemple* : demi-tour de taille .... 28 centimètres.
> 1/10 du demi-tour de taille...... 2 centimètres 8 mm.

De *3* à *8*, on comptera donc 2 centimètres 8 mm.

Sur la ligne des hanches à 20 centimètres au-dessous de la ligne de taille, de *5* à *9*, compter 1 fois 1/2 la largeur *3* à *8*.

> *Exemple* : de *3* à *8*....................... 2 centimètres 8 mm.
> de *5* à *9*..................... 4 centimètres 2 mm.

Réunir ensuite *8* à *9*, par une ligne pleine. Pour terminer la pièce, élever de *3* vers *16*, une hauteur facultative variant de 5 à 12 centimètres, suivant la hauteur que l'on veut donner au corset-ceinture au-dessus de la taille.

De *16* vers *19* donner 1 centimètre de plus que de *3* à *8* et réunir *8* à *19*, en donnant bien la même hauteur que de *3* à *16*.

A présent, chères lectrices, passons à la ligne des hanches, prise à 12 centimètres au-dessous de la ligne de taille. Mesurer d'abord la distance *12-6* (voici le dessin), et donner de *12* à *13*, le 1/3 plus 2 centimètres de cette longueur.

> *Exemple* : la distance de *12* à *6* est de ..... 37 centimètres.
> le 1/3 de 37 est donc de......... 12 centimètres 3 mm.

On comptera donc de *12* à *13*, ce 1/3, soit 12 centimètres 3 mm., plus 2 centimètres, ensemble un total de 14 centimètres 5 mm., ce qui donne le point *13*.

Avant de déterminer les 2 autres pièces, mesurons sur la ligne des hanches à 12 centimètres au-dessous de la ligne de taille, la ligne pointillée *4* à *6*, et retirons de cette mesure le 1/2 tour des hanches pris à 12 centimètres au-dessous de la ligne de taille (consulter le dessin).

> *Exemple* : largeur de *4* à *6*..................... 43 centimètres.
> moins le demi-tour des hanches pris à 12 centimètres..................... 42 centimètres.
> différence .... 1 centimètre.

La différence entre ces deux mesures, qui est pour ce patron de 1 centimètre, donne l'écart entre les points *13* et *14*.

Ceci fait, pour indiquer la largeur des deux autres pièces, sur la ligne de hanches, inscrire le chiffre *15* à la moitié de *14* à *6*.

Reportons-nous maintenant à la ligne de taille, et comptons de chaque côté du chiffre *10*, le 1/3 de la différence entre le demi-tour de taille et la longueur de la ligne pointillée *3* à *2*.

Exemple : longueur de la distance *3* à *2* . . . . 31 centimètres.
moins le demi-tour de taille . . . . 28 centimètres.

différence ou excédent de la taille . . . . . 3 centimètres.

C'est le 1/3 de cet excédent, soit 1 centimètre, que l'on portera à droite et à gauche du chiffre *10*. Réunir alors les 2 points trouvés avec les points *13* et *14*, par des lignes légèrement arrondies qui seront prolongées au-dessus de la ligne de taille (voir dessin) ; les prolonger également au-dessous de la ligne des hanches à *20*, sur laquelle elles se joignent.

Comme nous venons de le dire et ainsi que l'indique la *fig. 43*, les deux lignes qui se trouvent de chaque côté du chiffre *10* sont prolongées, au-dessus de la ligne pointillée de la taille, de 3 centimètres, de même que dans le bas sur les hanches former une pince de 3 à 5 centimètres, suivant que l'on prolongera la ceinture de 10 à 20 centimètres au-dessous de la ligne des hanches à 20 centimètres.

Prenons maintenant la moitié de la distance comprise entre la ligne pleine placée à droite du chiffre *10* et le chiffre *2*, et marquons à cet endroit le chiffre *11* ; le tiers qui reste de l'excédent de la taille, soit un demi centi-mètre, sera porté par moitié de chaque côté de ce chiffre *11*.

Réunir enfin les points qui se trouvent à droite et à gauche du chiffre *11*, par des lignes légèrement courbes au point *15* (se reporter au dessin), en prolongeant ces lignes jusqu'au bas de la ceinture et en les faisant dépasser la ligne de taille de 1 centimètre et demi environ.

Il reste, pour terminer le haut de la ceinture, à tracer au point *2* une ligne *2-17*, qui sera en équerre avec la ligne *3-2* et qui aura comme longueur, la longueur *3-16* du devant.

Faire de même au point *11*, en donnant à la ligne *11-18* la longueur *3-19* et en donnant un écart, entre les points *17* et *18*, supérieur de 1 à 2 centimètres à la largeur de *11* à *2*.

Arrondir la ligne de taille et joindre les 4 points *16*, *19*, *18*, *17* par des lignes légèrement arrondies.

La partie *18-19* est comblée par un caoutchouc.

Terminer le bas de la ceinture comme l'indique le dessin.

Ceinture en 10 pièces

Ceinture en 10 pièces

Mesures

1° Demi-tour de taille... .... 33 centimètres.

2° Point d'aplomb de la taille .... 12 centimètres.

3° Demi-tour des hanches........................... 47 centimètres.
(pris à 12 centimètres au-dessous de la ligne de taille).

4° Point d'aplomb des hanches...................... 19 centimètres.
(pris à 12 centimètres au-dessous de la ligne de taille).

5° Demi-tour des hanches........................... 50 centimètres.
(pris à 20 centimètres au-dessous de la ligne de taille).

6° Point d'aplomb des hanches...................... 21 centimètres.
(pris à 20 centimètres au-dessous de la ligne de taille).

Remarque

Cette ceinture est surtout destinée à soutenir l'abdomen et non à l'aplatir.

Elle est précieuse pour les personnes ayant des maladies dans le ventre, ou pour les personnes dans une position intéressante.

Dans ce dernier cas, on taille la deuxième pièce en caoutchouc.

Cette ceinture s'arrête à la taille, on la termine au-dessus par une bande de caoutchouc, de 6 à 8 centimètres de hauteur.

Ceinture en 10 pièces

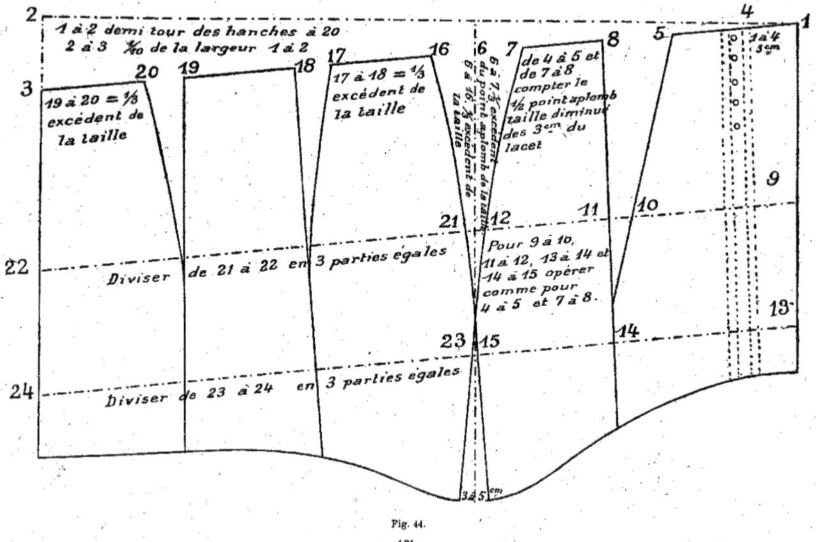
2
1 à 2 demi tour des hanches à 20
2 à 3 3/10 de la largeur 1 à 2
3
20 19 18 17 16 6 7 8 5 4 1
19 à 20 = 1/3 excédent de la taille
17 à 18 = 1/3 excédent de la taille
6 à 7 1/3 excédent du point aplomb de la taille
6 à 16 1/3 excédent de la taille
de 4 à 5 et de 7 à 8 compter le 1/2 point aplomb taille diminué des 3em du lacet
1 à 4 3 cm
9
21 12 11 10
22 Diviser de 21 à 22 en 3 parties égales
Pour 9 à 10, 11 à 12, 13 à 14 et 14 à 15 opérer comme pour 4 à 5 et 7 à 8.
13
23 15 14
24 Diviser de 23 à 24 en 3 parties égales
3 à 5 cm

Fig. 44.

121

Ceinture en 10 pièces

EXPLICATION DE LA DIX-NEUVIÈME LEÇON

POUR terminer notre série de leçons sur les ceintures, nous allons, chères lectrices, tracer ce nouveau modèle en 10 pièces, de manière que vous puissiez satisfaire toute votre clientèle.

Tracer une ligne horizontale à laquelle on donnera une longueur équivalente au demi-tour des hanches, pris à 20 centimètres au-dessous de la ligne de taille, soit, pour celle-ci, 50 centimètres de *1* vers *2*.

Du point *2*, tracer une ligne verticale sur laquelle on portera, de *2* à *3*, le 1/10 de la largeur *1-2*.

Exemple : demi-tour des hanches, pris à 20 centimètres au-dessous de la taille, soit 50 centimètres.

Le 1/10 de 50 centimètres est de 5 centimètres que l'on portera de *2* à *3*.

Réunir *3* à *1*, par une ligne pointillée (voir *fig. 44*).

A partir du point *1*, tracer une ligne verticale pleine, d'une longueur d'environ 20 à 25 centimètres, au plus.

Ceci fait, tracer deux lignes pointillées parallèles, à 12 et à 20 centimètres de distance de la ligne *3* à *1*.

Indiquer la largeur des pièces sur la ligne de taille de la manière suivante :

De *1* vers *4*, supprimer 3 centimètres dans toute la hauteur de la ceinture, au moyen d'une ligne verticale pointillée partant du point *4*.

Nous continuons en comptant, de *1* à *6*, le point d'aplomb des hanches pris à 20 centimètres au-dessous de la ligne de taille, soit 21 centimètres et nous traçons, à partir du point *6*, une ligne verticale pointillée dans toute la hauteur et au-delà de la ligne des hanches à 20 centimètres, suivant la longueur que doit avoir la ceinture sur les hanches (voir le croquis).

Pour obtenir les écarts *6* à *7* et *5* à *8* procéder comme suit :

Le point d'aplomb des hanches à 20 centimètres étant de 21 centimètres et le point d'aplomb de la taille étant de 12 centimètres, c'est la différence entre ces deux mesures qui donnera l'excédent, dont on portera le 1/3, de *6* à *7*.

Exemple : point d'aplomb des hanches à 20 cent..   21 centimètres.
point d'aplomb de la taille............   12 centimètres.
différence........... .... 9 centimètres.

C'est le 1/3 de cette différence, soit 3 centimètres, qui sera compté de *6* à *7*.

Pour la largeur de la pièce *7* à *8*, il faut la calculer comme suit :

Exemple : point d'aplomb de la taille............   12 centimètres.
largeur prise par le lacet..............   3 centimètres.
différence..............   9 centimètres.

De ces 9 centimètres, prenez-en la moitié, soit 4 centimètres 5 mm. et portez-la une première fois, de *4* à *5*, puis une deuxième fois, de *7* à *8* ; de cette manière les 2/3 de l'excédent restants se trouvent pris d'eux-mêmes de *5* à *8*.

Il faut à présent, chères lectrices, donner la largeur aux pièces du devant, en calculant comme ci-dessous.

Exemple : demi-tour de taille...................   33 centimètres.
point d'aplomb de la taille............   12 centimètres.
différence ....   21 centimètres.

Cette différence représente la largeur que doivent avoir réunies, les pièces du devant, c'est donc le 1/3 de cette différence que l'on donnera comme largeur à chaque pièce.

Mais, ceci fait, on doit calculer l'excédent qu'il y a entre la différence ci-dessus et la largeur *3* à *6*.

Exemple : largeur de *3* à *6* ....   29 centimètres.
largeur des 3 pièces du devant.......   21 centimètres.
excédent..................   8 centimètres.

De cet excédent prendre le 1/3, soit 2 centimètres 6 mm., le porter de *6* à *16*, puis indiquer de *16* à *17* la largeur que doit avoir chaque pièce, soit 7 centimètres.

De *17* à *18*, compter le deuxième tiers de l'excédent, soit 2 centimètres 6 mm. ; de *18* à *19*, la même largeur que de *16* à *17* ; puis de *19* à *20*, le troisième tiers de l'excédent. La largeur de la troisième pièce se trouve indiquée, d'elle-même, de *3* à *20*.

Rapprocher les points *5* et *8*, *7* et *16*, *17* et *18*, *19* et *20* et tracer la ligne de taille, par une ligne pleine, de *3* à *4*.

Reportons-nous maintenant à la ligne des hanches à 12 centimètres.

Prendre la moitié de *9* à *12* et laisser un écart de *10* à *11*, égal à la différence entre le demi-tour des hanches pris à 20 centimètres au-dessous de la ligne de taille et celui pris à 12 centimètres.

> *Exemple* : demi-tour des hanches pris à 20 centi-
> mètres au-dessous de la ligne de taille   50 centimètres.
> demi-tour des hanches pris à 12 centi-
> mètres au-dessous de la ligne de taille   47 centimètres.
>   différence.......   3 centimètres.

L'écart *10* à *11* est donc de 3 centimètres, que l'on portera par moitié, à droite et à gauche du milieu de la distance *9-12*, ce qui donne les points *10* et *11* ; prendre la moitié de *13* à *15* et marquer le chiffre *14*. Pour terminer, réunir *5* à *14*, en passant par le point *10* et *8* à *14*, en passant par le point *11*, en arrondissant légèrement.

Réunir également *7* à *15*, en passant par le point *12* et en prolongeant la ligne comme l'indique le dessin.

Pour le devant, réunir *16* à *23* par une ligne légèrement arrondie, en ayant soin de laisser au bas de la ceinture de 3 à 5 centimètres dans une pince, suivant nécessité.

Sur la ligne des hanches à 12 centimètres au-dessous de la ligne de taille, mesurer la largeur *22* à *21*, soit 27 centimètres, que l'on divise en trois parties égales (consulter le dessin). Faire de même sur la ligne des hanches à 20 centimètres au-dessous de la taille, et réunir ces points trouvés avec les points *17*, *18*, *19* et *20* de la taille.

Arrondir le bas de la ceinture comme l'indique la *fig. 44*.

VINGTIÈME LEÇON

✦ ✦ ✦

Corset Tailleur

(7 pièces)

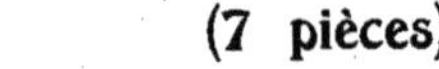

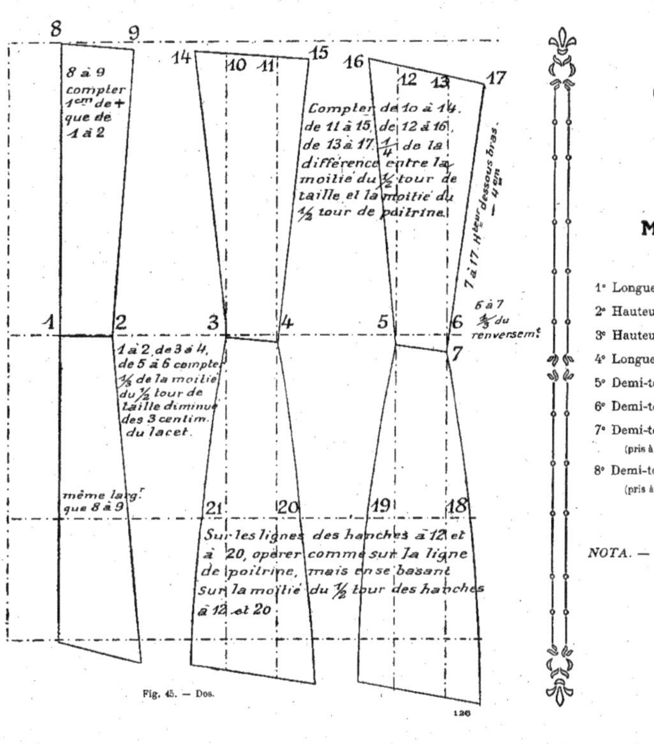

Fig. 45. — Dos.

126

Corset tailleur
= en 7 pièces =

+ + +

Mesures (Mannequin 40)
(mince des hanches)

1° Longueur du dos 37

2° Hauteur du dessous de bras. 22

3° Hauteur des pinces 23

4° Longueur de taille devant 41

5° Demi-tour de taille 28

6° Demi-tour de poitrine 45

7° Demi-tour des hanches 42
   (pris à 12 centimètres au-dessous de la ligne de taille)

8° Demi-tour des hanches 46
   (pris à 20 centimètres au-dessous de la ligne de taille)

NOTA. — Pour ce modèle, nous n'avons besoin d'aucun point d'aplomb.

Corset tailleur
en 7 pièces
✦ ✦ ✦

Remarque

Ce corset qui a eu une si grande vogue, il y a quelques années, convient surtout aux personnes ayant la poitrine très basse ; il les dispense de porter un soutien-gorge.

Avec la mode actuelle, il perd quelque peu de sa faveur, puisque cette mode tend, de plus en plus, à conserver au corps sa ligne naturelle.

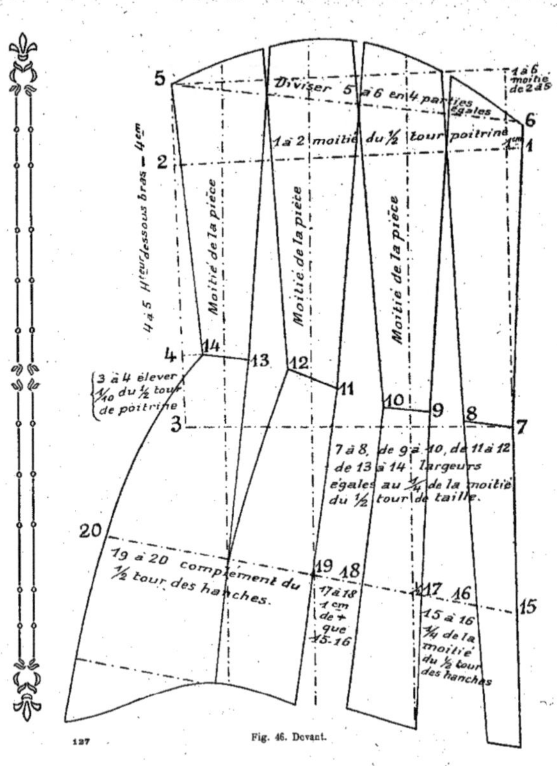

Fig. 46. Devant.

Corset tailleur en 7 pièces

EXPLICATION DE LA VINGTIÈME LEÇON

Dos

LE dos de ce corset est exactement le même que celui du corset formant soutien-gorge.

Donc, lectrices, nous traçons d'abord les lignes de construction, puis nous passons à la ligne de taille et donnons comme largeur de *1* à *2*, de *3* à *4* et de *5* à *6*, le tiers de la moitié du demi-tour de taille diminué des 3 centimètres du lacet (*fig. 45*).

Exemple : moitié du demi-tour de taille	14 centimètres.
moins le lacet	3 centimètres.
reste	11 centimètres.

De ces 11 centimètres, prendre le 1/3, soit 3 centimètres 6 mm., et le porter de *1* à *2*, de *3* à *4* et de *5* à *6*.

De *6* à *7*, descendre la ligne de taille du 1/3 du renversement.

Exemple : longueur de taille devant	41 centimètres.
longueur de taille du dos	37 centimètres.
renversement	4 centimètres.

Le renversement étant de 4 centimètres, c'est le 1/3, soit 1 centimètre 3 mm., que l'on portera de *6* à *7*.

Tracer des rectangles, dans toute la hauteur du corset, en lignes pointillées (consulter le dessin).

Sur la ligne de poitrine, compter, de *8* à *9*, 1 centimètre de plus que de *1* à *2*, faire de même sur la ligne des hanches à 12 centimètres au-dessous de la ligne de taille et terminer cette première pièce par des lignes pleines.

Toujours sur la ligne de poitrine, pour avoir les distances *10* à *14*, *11* à *15*, *12* à *16* et *13* à *17*, retirer la moitié du demi-tour de taille de la moitié du demi-tour de poitrine, et donner aux distances ci-dessus 1/4 de cette différence.

Exemple : moitié du demi-tour de poitrine.	22 centimètres 5 mm.
moitié du demi-tour de taille	14 centimètres.
différence	8 centimètres 5 mm.

C'est le 1/4 de cette différence, soit 2 centimètres 1 mm., qu'il faut porter de *10* à *14*, de *11* à *15*, de *12* à *16* et de *13* à *17*. Réunir ces points avec la ligne de taille.

Ensuite, rapprocher les pièces à la taille, arrondir la taille de *1* à *7* et porter, de *7* à *17*, la hauteur du dessous de bras, moins 4 centimètres; arrondir le haut du corset de *8* à *17*.

Sur la ligne des hanches à 12 centimètres au-dessous de la ligne de taille, faire comme pour la ligne de poitrine, mais en se basant sur la moitié du demi-tour des hanches.

Exemple : moitié du demi-tour des hanches à 12 centimètres	21 centimètres.
moins la moitié du demi-tour de taille.	14 centimètres.
différence	7 centimètres.

C'est le 1/4 de cette différence, soit 1 centimètre 7 mm., que l'on portera à droite et à gauche des lignes pointillées, à 12 centimètres au-dessous de la ligne de taille ; placer les chiffres *18*, *19*, *20* et *21* (se reporter au dessin).

Faire de même sur la ligne des hanches à 20 centimètres, mais en calculant sur la moitié du demi-tour des hanches pris 20 centimètres au-dessous de la taille.

Terminer ces pièces par des lignes légèrement arrondies et finir le bas, en se reportant au dessin.

Devant

Le corset tailleur diffère du corset droit, baleiné sur toutes les coutures, par la largeur du rectangle, qui est basé sur la moitié du demi-tour de poitrine, l'autre moitié ayant été réservée au dos.

Il s'élève aussi davantage au-dessus de la ligne de poitrine, (environ 8 à 10 centimètres).

Une fois les lignes de construction tracées, ressortir sur la ligne de poitrine, à droite de la ligne pointillée, 1 centimètre et placer le chiffre *1*, qui sera réuni à *7* sur la ligne de taille, par une ligne pleine, mais en prolongeant cette ligne au-delà du chiffre *1*, ce prolongement devant être utile pour établir la hauteur du corset.

De *1* vers *2*, donner une largeur égale à la moitié du demi-tour de poitrine *(fig. 46)*.

> *Exemple* : demi-tour de poitrine.......... 45 centimètres.
> moitié du demi-tour de poitrine. 22 centimètres 5 mm.

C'est donc ces 22 centimètres 5 mm. que l'on comptera de *1* à *2*.

De *7* à *8*, porter maintenant la même largeur que de *1* à *2*, moins 1 centimètre.

> *Exemple* : il y a déjà sur la ligne de poitrine 22 centimètres 5 mm., qui sont comptés entre les chiffres *1-2*, il n'y aura donc plus à porter entre les chiffres *7* et *8*, qu'une largeur de 21 centimètres 5 mm.

Ceci fait, joindre *3* à *2*, en prolongeant la ligne au-delà de ce dernier chiffre.

De *3* à *4*, élever la ligne de taille du 1/10 du demi-tour de poitrine.

> *Exemple* : demi-tour de poitrine......... 45 centimètres.
> 1/10 du demi-tour de poitrine. 4 centimètres 5 mm.

C'est donc 4 centimètres 5 mm. que l'on portera de *3* à *4*.

Réunir *4* à *7* par une ligne qui devient la ligne de taille réelle.

Indiquer, ensuite, les lignes des hanches à 12 et 20 centimètres au-dessous de la ligne de taille, par des lignes parallèles à la ligne de taille *4-7*.

De *4* à *5*, hauteur du dessous de bras moins 4 centimètres ; cette mesure donne le point *5* qui détermine la hauteur du corset sur le côté.

De *1* a *6*, donner la moitié de la hauteur *2* à *5*.

Réunir *5* à *6*, par une ligne pointillée, et élever à la moitié de cette distance de 8 à 12 centimètres, selon ce que l'on veut donner de hauteur au corset, puis l'arrondir (voir *fig. 46*).

Il reste à définir, maintenant, les 4 pièces qui donneront l'ensemble du devant du corset.

La largeur *5* à *6* devra être divisée en 4 parties égales.

Cette ligne mesurant 22 centimètres 5 mm. et le 1/4 étant de 5 centimètres 6 mm., chaque pièce aura donc cette dernière largeur.

En partant du chiffre *1*, bord du devant, laisser la pièce intacte, mais au milieu des 3 autres pièces, tracer des lignes pointillées dans toute la hauteur du corset et parallèles au côté *5-3* (se reporter au dessin).

Sur la ligne de taille réelle *4-7*, porter d'abord, de *7-8*, le 1/4 de la moitié du demi-tour de taille que l'on trouve comme suit :

> *Exemple* : demi-tour de taille.................. 28 centimètres.
> moitié du demi-tour de taille.......... 14 centimètres.

Le 1/4 de 14 centimètres étant de 3 centimètres 5 mm., les porter une première fois de *7* à *8*.

Pour les pièces suivantes, porter la moitié de cette mesure, soit 1 centimètre 7 mm., de chaque côté des lignes pointillées, comme l'indique le dessin, de *9* à *10*, *11* à *12* et *13* à *14*.

Réunir ces points au haut du corset et sur la ligne *5-6*, en prolongeant les lignes jusqu'à l'arrondissement du corset.

Rapprocher les pièces à la taille en pliant le papier, comme on l'a déjà expliqué dans les leçons précédentes, arrondir légèrement de *14* à *7*, en l'indiquant par une ligne pleine.

Occupons-nous, maintenant, de la ligne des hanches, prise à 12 centimètres au-dessous de la ligne de taille.

Cherchons, comme pour la taille, le 1/4 de la moitié du demi-tour des hanches.

> *Exemple* : demi-tour des hanches .... 42 centimètres.
> moitié du demi-tour des hanches...... 21 centimètres.

Le 1/4 de 21 centimètres donne 5 centimètres 2 mm., c'est donc cette mesure, moins 2 centimètres, soit 3 centimètres 2 mm., que l'on portera sur la ligne des hanches à 12 centimètres, de *15* à *16*.

Réunir *8* à *16*, par une ligne pleine se prolongeant jusqu'à la ligne des hanches à 20 centimètres au-dessous de la taille.

Sortir 1/2 centimètre à droite de la ligne pointillée de la deuxième pièce, et joindre *9* à *17* en prolongeant la ligne (se reporter au croquis).

De *17* à *18*, compter le 1/4 moins 1 centimètre, soit 4 centimètres 2 mm. et réunir *10* à *18*.

Réunir *11* à *19*, au point de jonction de la ligne des hanches à 12 centimètres avec la ligne pointillée (voir le dessin), et donner, de *19* à *20*, le complément de la moitié du demi-tour des hanches.

Exemple : moitié du demi-tour des hanches. 21 centimètres.

    moins les largeurs fournies par
    les pièces *15* à *16* et *17* à *18*.... 7 centimètres 4 mm.

        complément..... 13 centimètres 6 mm.

C'est donc **13 centimètres 6 mm**. qu'il faudra porter de *19* à *20*.

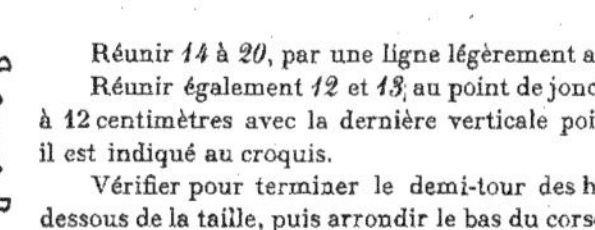

Réunir *14* à *20*, par une ligne légèrement arrondie.

Réunir également *12* et *13*, au point de jonction de la ligne des hanches à 12 centimètres avec la dernière verticale pointillée et prolonger comme il est indiqué au croquis.

Vérifier pour terminer le demi-tour des hanches à 20 centimètres au dessous de la taille, puis arrondir le bas du corset à votre convenance.

✦ ✦ ✦

Corset de grossesse

(8 pièces)

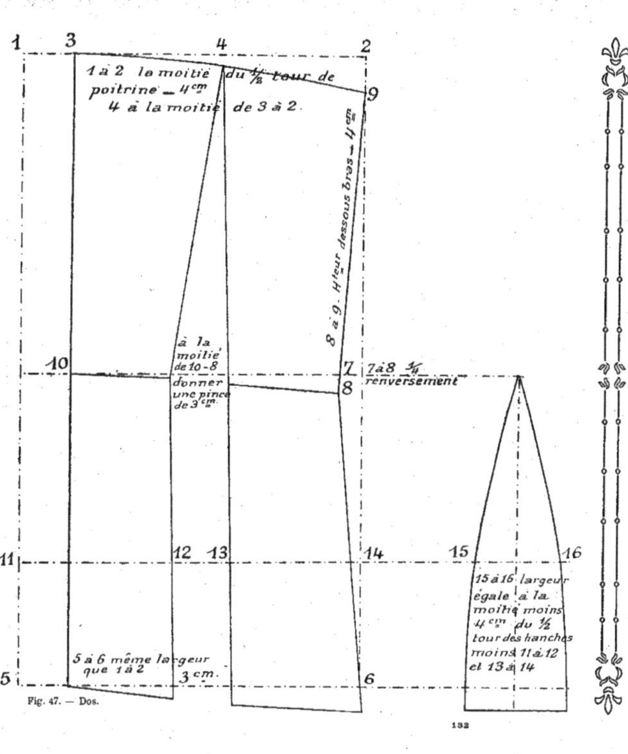

Fig. 47. — Dos.

Corset de grossesse

(8 pièces)

✦ ✦ ✦

Mesures

1° Longueur du dos......................	40
2° Hauteur du dessous de bras............	23
3° Hauteur des pinces....................	24
4° Longueur de taille devant.............	44
5° Demi-tour de taille...................	34
6° Demi-tour de poitrine.................	52
7° Demi-tour des hanches.................	54
(pris à 12 centimètres au-dessous de la ligne de taille).	
8° Demi-tour des hanches.................	58
(pris à 20 centimètres au-dessous de la ligne de taille).	

Corset de grossesse

(8 pièces)

Remarque

Depuis que toutes les femmes portent des corsets droits, ceux de grossesse sont abandonnés par la plus grande partie d'entre elles.

Cependant il est nécessaire, pour une bonne corsetière, de connaître la coupe de ces corsets spéciaux, car il y a encore des personnes qui ne savent pas comprendre que, dans cette position, les femmes ont besoin d'être soutenues de manière raisonnable et que cela ne nuit nullement à leur santé.

Toutefois beaucoup de femmes adoptent les soutiens-gorge et les ceintures qui remplacent avantageusement ces corsets de grossesse.

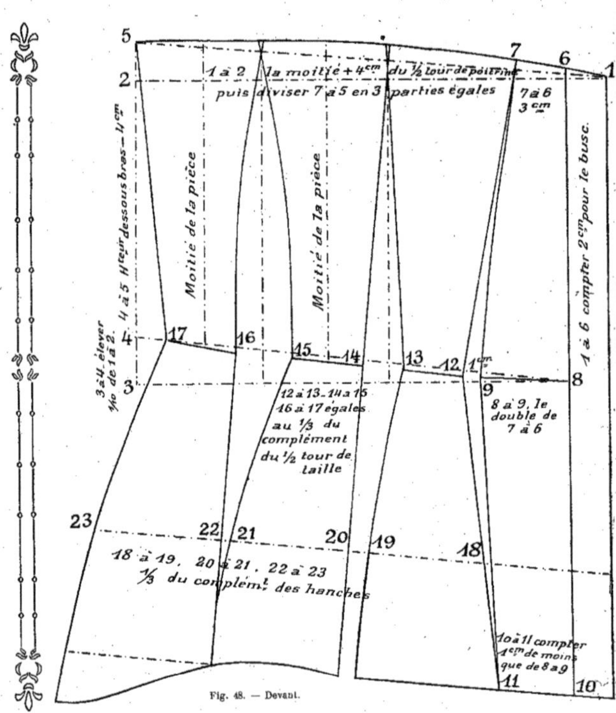

Fig. 48. — Devant.

Corset de grossesse (8 pièces)

EXPLICATION DE LA VINGT-ET-UNIÈME LEÇON

Dos

C E corset, chères lectrices, dont la coupe vous semblera fort simple, ne diffère des corsets normaux que par la deuxième pièce du devant qui est en caoutchouc.

Les lignes de construction sont toujours les mêmes.

Sur la ligne de poitrine, de *1* à *2*, compter la moitié du 1/2 tour de poitrine, moins 4 centimètres.

> *Exemple* : demi-tour de poitrine................. 52 centimètres.
> moitié du 1/2 tour de poitrine .... 26 centimètres.

Donner, de *1* à *2*, la moitié du 1/2 tour de poitrine, moins 4 centimètres, soit 22 centimètres.

Puis, abaisser une ligne verticale pointillée dans toute la hauteur du corset, de *2* vers *6*. (Consulter la *fig. 47*).

Revenir alors à la ligne de poitrine et placer le chiffre 4 à la moitié de *3* à *2*.

Sur la ligne de taille, rentrer à gauche de la ligne pointillée *2-6* de 1 centimètre 1/2, placer le chiffre 7, puis de *7* à *8*, descendre la ligne de taille du 1/4 du renversement, enfin joindre *10* à *8*.

> *Exemple* : longueur de taille devant.............. 44 centimètres.
> longueur de taille du dos .... 40 centimètres.
> renversement .... 4 centimètres.

On en portera le 1/4, soit 1 centimètre, de *7* à *8*.

Sur la ligne de taille, former une pince de 3 centimètres, à la moitié de *10* à *8*, réunir sur la ligne de poitrine au chiffre 4. (Consulter le dessin).

Rapprocher les pièces sur la ligne de taille et arrondir légèrement de *10* à *8*; porter de *8* à *9* la hauteur du dessous de bras moins 4 centimètres et arrondir le haut du corset.

Pour terminer les deux pièces, abaisser deux lignes verticales pleines qui feront suite à la pince, l'écart de cette dernière étant de 3 centimètres,

bien conserver cette même distance de *12* à *13*, sur la ligne des hanches à 12 centimètres au-dessous de la taille ainsi qu'à 20 centimètres (se reporter au dessin).

Réunir *6* à *8* et terminer le bas.

Pour le gousset, tracer une ligne verticale pointillée, depuis la ligne de taille jusqu'au bas du corset et donner comme largeur, de *15* à *16*, la moitié moins 4 centimètres du 1/2 tour des hanches, moins les largeurs *11* à *12* et *13* à *14* du dos

> *Exemple* : demi-tour des hanches à 12 centimètres. 54 centimètres.
> moitié de 1/2 tour des hanches........ 27 centimètres.

Puisque la moitié du 1/2 tour des hanches est de 27 centimètres et qu'il faut la moitié moins 4 centimètres, soit 23 centimètres, on trouvera la largeur du gousset comme suit :

> *Exemple* : moitié, moins 4 centimètres, du 1/2 tour
> des hanches .... 23 centimètres.
> largeur fournie de *11* à *12* et *13* à *14*.... 18 centimètres.
> différence ou largeur du gousset de *15* à *16*. 5 centimètres,

que l'on portera par moitié de chaque côté de la ligne pointillée.

Faire de même sur la ligne des hanches à 20 centimètres au dessous de la ligne de taille. (Se reporter au dessin).

Le dos de ce corset est ainsi terminé.

Devant

Pour le devant, qui est composé de 5 pièces, nous vous faisons remarquer, chères lectrices, que la deuxième pièce est remplacée par une bande de caoutchouc, nommée *bouteille*.

Tracer d'abord les lignes de construction, en comptant de *1* à *2*, la moitié, plus 4 centimètres, du 1/2 tour de poitrine.

Exemple : 1/2 tour de poitrine.................. 52 centimètres.
            moitié du 1/2 tour de poitrine..... ..... 26 centimètres.

A ces 26 centimètres, ajouter 4 centimètres, ce qui donne 30 centimètres que l'on porte de *1* à *2*, sur la ligne de poitrine.

Former un rectangle avec la ligne de taille, et élever de *3* à *4* du 1/10 de la largeur *1* et *2* qui est de 30 centimètres, soit 3 centimètres.

De *4* à *5*, porter la hauteur du dessous de bras moins 4 centimètres, réunir *5* à *1*, par une ligne pointillée, puis arrondir le haut du corset à volonté (voir *fig. 48*).

Sur la ligne de poitrine, de *1* à *6*, compter 2 centimètres pour le busc et tracer une verticale pleine dans toute la hauteur du corset. Réunir *4* à *8* par une ligne pointillée et tracer, ensuite, les lignes des hanches.

Indiquer, maintenant, lectrices, la largeur de la *bouteille*, à la poitrine, à la taille et aux hanches :

    sur la ligne de poitrine, de *6* à *7*.................... 3 centimètres.
     »   »   de taille, de *8* à *9*....................... 6 centimètres.
     »   »   des hanches, de *10* à *11*................. 5 centimètres.

Ces mesures sont fixes, puisque les *bouteilles* s'achètent toutes taillées ; réunir *7* à *9* et *9* à *11*.

Sur la ligne de poitrine, les trois autres pièces sont égales au 1/3 de la distance *5* à *7* ; abaisser des lignes pointillées jusqu'à la taille, puis prendre la moitié des deux dernières pièces et tracer à nouveau des lignes pointillées verticales jusqu'à la taille. (Consulter le dessin).

Nous allons, chères lectrices, continuer en donnant comme largeur à la taille, à chaque pièce, 1/3 du complément du 1/2 tour de taille.

Exemple : 1/2 tour de taille.................... 34 centimètres
moins la largeur des pièces du dos, le lacet compris, les 2 centimètres de la première pièce devant, ainsi que la largeur *8* à *9*, soit................................... 24 centimètres.

           complément de la taille..... 10 centimètres.

C'est le 1/3 de ce complément, soit 3 centimètres 3 mm., que l'on donnera, de *12* à *13*, en ayant soin de laisser 1 centimètre de *9* à *12*.

Puis, donner la même largeur de *14* à *15* et de *16* à *17*, en partageant, par moitié, de chaque côté des lignes pointillées.

Terminer ces pièces en réunissant avec la ligne de poitrine, comme l'indique le dessin ; rapprocher les pièces à la taille et tracer une ligne ferme de *17* à *8*, enfin réunir *12* à *11*.

Occupons-nous, à présent, de déterminer la largeur des pièces à 12 centimètres au-dessous de la ligne de taille.

Additionner la largeur des pièces du dos, sur la ligne des hanches, avec la largeur du gousset et la largeur des 2 premières pièces du devant sur la ligne des hanches à 12 centimètres, soit un total de 29 centimètres.

Retirer ce nombre du demi-tour des hanches à 12 centimètres et l'on obtiendra ainsi le complément du demi-tour des hanches, dont on donnera 1/3 comme largeur à chaque pièce.

Exemple : demi-tour des hanches à 12 centimètres   54 centimètres.
        moins le total calculé ci-dessus........ 29 centimètres.

       complément du demi-tour des hanches.   25 centimètres.

C'est de ce complément, dont on prend 1/3, soit 8 centimètres 2 mm., pour le porter une première fois, de *18* à *19*. Réunir alors *13* à *19* en prolongeant la ligne jusqu'au bas du corset.

Pour la quatrième pièce, placer l'équerre le long de la ligne *15-14* et tracer au point *14* une perpendiculaire allant jusqu'au bas du corset.

Faire de même à la cinquième pièce et donner, comme largeur, de *20* à *21* et de *22* à *23*, le 1/3 du complément du demi-tour des hanches, soit 8 centimètres 2 mm.; réunir *15* à *21* et *17* à *23* par des lignes légèrement arrondies jusqu'au bas du corset.

Enfin, dessiner les contours du bas, suivant votre goût.

✦ ✦ ✦

Corset d'Enfant

Corset d'enfant

Mesures (2 à 3 ans)

1° Longueur du dos .... 25 centimètres.

2° Demi-largeur du dos .... 11 centimètres.

3° Demi-largeur du devant......................... 11 centimètres.

4° Demi-tour de poitrine .... 30 centimètres.

5° Demi-tour de la taille .... 28 centimètres.

Remarque

Les corsets d'enfant n'étant destinés, en réalité, qu'à maintenir les pantalons et les jupons à la taille, sont confectionnés en coutil blanc ou écru.

En général, ils sont légèrement gansés et doublés de calicot.

Au dos, on pose les œillets entre deux filets de baleine; la fermeture du devant se termine par des sortes de brides en sergé appelées : *cocottes*.

Corset d'enfant

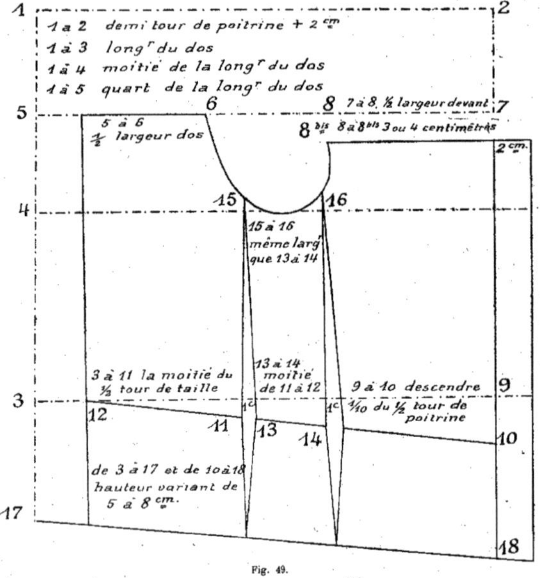

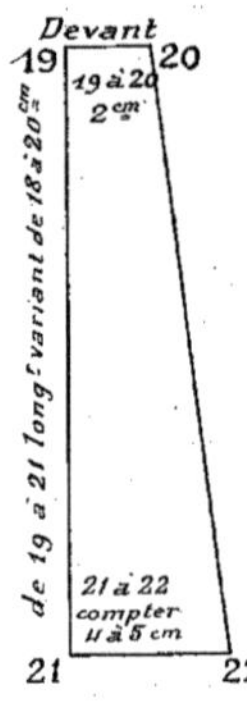

Fig. 49.

Corset d'Enfant

EXPLICATION DE LA VINGT-DEUXIÈME LEÇON

LES corsets d'enfant s'achetant généralement tout faits, la description de leur confection n'intéresse principalement que les confectionneuses ou les mères de famille économes.

Mais, comme toute bonne corsetière doit être apte à ce genre de travail et notre méthode ne voulant rien vous laisser ignorer, chères lectrices, nous allons en dessiner le patron, qui ne demandera que peu d'attention, puisque vous êtes déjà initiées à la coupe des corsets de femme, qui est de beaucoup plus compliquée.

Commençons, chères lectrices, par établir un rectangle auquel on donnera comme largeur, de *1* à *2*, le demi-tour de poitrine plus 2 centimètres, soit 32 centimètres, et comme longueur, de *1* à *3*, la longueur du dos, soit 25 centimètres ; fermer le rectangle *1*, *2*, *3*, *9*.

Ceci déterminé, prendre la moitié de la longueur du dos, soit 12 centimètres 5 mm., et la porter de *1* à *4*. Du point *4*, mener une ligne pointillée parallèle à l'horizontale *1-2*.

De *1* à *5*, porter le 1/4 de la longueur du dos, soit 6 centimètres 2 mm., et du point *5* tracer une ligne pointillée parallèle à l'horizontale *1-2*.

A présent, chères lectrices, il faut donner un nom à chacune de ces lignes.

La première, se nomme *ligne d'encolure* ; la deuxième, *ligne de carrure*, la troisième, *ligne de poitrine* et la quatrième, *ligne de taille*.

A partir du point *9*, descendre du 1/10 du 1/2 tour de poitrine, vers *10*, afin d'avoir la ligne de taille du devant du corset.

Pour obtenir la ligne des hanches, compter de *3* à *17*, de 5 à 8 centimètres, et de même de *10* à *18*, puis réunir *17* à *18*, par une ligne pleine qui indique le bas du corset (consulter le dessin).

Comme toujours, chères lectrices, supprimer au dos 3 centimètres pour le lacet, puis, sur la ligne de carrure, de *5* à *6*, porter la demi-largeur du dos, soit 11 centimètres. Encore sur la ligne de carrure, mais cette fois, au devant, compter la demi-largeur du devant, de *7* à *8* et, de *8* à *8 bis*,

descendre de 3 ou 4 centimètres ; enfin, tracer une horizontale pleine et dessiner l'emmanchure comme l'indique le dessin.

Le haut du corset terminé, ressortir 2 centimètres tout le long du devant du corset pour les boutonnières.

Passons, maintenant, à la ligne de taille et comptons, de *3* à *11*, la moitié du 1/2 tour de taille.

> *Exemple :* 1/2 tour de taille...................... 28 centimètres.
> moitié du 1/2 tour de taille........... 14 centimètres.

C'est donc 14 centimètres que l'on portera de *3* à *11*.

Sur la ligne de poitrine, compter, de *4* à *15*, une largeur égale à la distance *3* à *11*, plus 1 centimètre, soit 15 centimètres, et réunir *11* à *15* par une ligne pleine.

Sur la ligne de taille, de *11* à *13*, laisser un centimètre de cambrure, donner comme largeur, de *13* à *14*, la moitié de *11* à *12*, soit 5 centimètres 5 mm., enfin terminer cette pièce en donnant comme largeur sur la ligne de poitrine, de *15* à *16*, la même largeur qu'au bas de *13* à *14*, soit 5 centimètres 5 mm. et en réunissant *14* à *16* et *13* à *15*, comme l'indique le dessin.

A droite du chiffre *14*, former encore une cambrure de 1 centimètre et réunir à *16*.

Il reste à plier les pinces et à retracer la ligne réelle de taille *12* à *10*, puis à terminer les pinces au bas du corset.

Pour compléter ce modèle, voici comment on doit établir la bretelle.

De *19* à *21*, tracer une verticale pleine à laquelle on donnera une longueur de 18 à 20 centimètres, puis, sur la partie correspondant au devant du corset, 2 centimètres, de *19* à *20* ; à la partie correspondant au dos, 4 à 5 centimètres, de *21* à *22* (voir le croquis). Réunir *20* à *22* par une ligne pleine.

+ + +

Corset de fillette

(6 pièces)

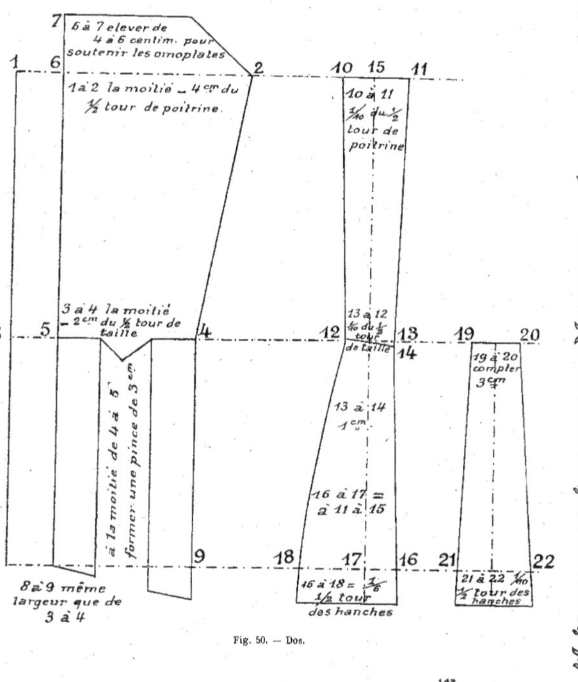

Fig. 50. — Dos.

142

Corset de fillette

6 pièces

Mesures (12 ans)

1° Longueur du dos.................... 34
2° Hauteur du dessous de bras............. 19
3° Hauteur des pinces 18
4° Longueur de taille devant 34
5° Demi-tour de poitrine................. 40
6° Demi-tour de taille................... 30
7° Demi-tour des hanches................. 42

Corset de fillette

(6 pièces)

+ + +

Remarque

Ce modèle convient aux fillettes de 7 ans à 15 ans; c'est la seule forme vraiment recommandable, car il s'applique à toutes les conformations, ce qui est fort appréciable.

En effet, tout corset mal compris, peut, chez les fillettes surtout, devenir nuisible à leur santé et empêcher leur développement.

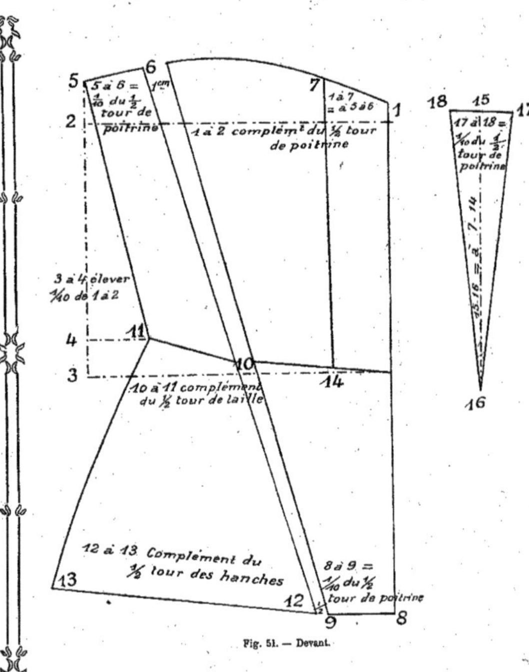

Fig. 51. — Devant.

Corset de fillette

EXPLICATION DE LA VINGT-TROISIÈME LEÇON

Dos

NOUS vous prions, chères lectrices, de vous attarder sur ce corset de fillette qui, bien compris, vous donnera les meilleurs résultats.

Les lignes de construction sont les mêmes que celles des corsets de femme, sauf la ligne des hanches que l'on indique à 12 centimètres au-dessous de la taille, pour les petites fillettes et à 15 centimètres, pour les grandes.

Commencer le patron en comptant, de *1* à *2*, la moitié, moins 4 centimètres, du demi-tour de poitrine.

> *Exemple* : demi-tour de poitrine............... 40 centimètres.
> moitié du demi-tour de poitrine...... 20 centimètres.

On portera donc, de *1* à *2*, ces 20 centimètres, moins 4 centimètres, soit 16 centimètres

Sur la ligne de taille, de *3* à *4*, mesurer la moitié, moins 2 centimètres, du demi-tour de taille.

> *Exemple* : demi-tour de taille.................. 30 centimètres.
> moitié du demi-tour de taille......... 15 centimètres.

C'est donc 15 centimètres, moins 2 centimètres, soit 13 centimètres, que l'on comptera de *3* à *4*.

A partir du point *4*, abaisser une ligne verticale pleine jusqu'aux hanches, chiffre *9*, et au-delà, suivant la longueur que l'on veut donner au corset (voir *fig. 50*).

Sur la ligne de taille, prendre la moitié de *4* à *5*, et, de chaque côté de ce point, compter 1 centimètre 5 mm., puis tracer des verticales pleines, comme l'indique le dessin.

Pour terminer cette pièce, se reporter à la ligne de poitrine, compter de *6* à *7*, de *4* à 6 centimètres, afin de soutenir les omoplates des fillettes, et

réunir *2* à *4*, par une ligne pleine; enfin, joindre *7* à *2*, comme l'indique le dessin.

PIÈCE DU DESSOUS DE BRAS :

A 10 centimètres environ de la pièce du dos, tracer une ligne verticale pointillée.

Sur la ligne de poitrine donner à cette pièce, comme largeur, 1/10 du demi-tour de poitrine.

> *Exemple* : demi-tour de poitrine............... 40 centimètres.
> 1/10 du demi-tour de poitrine........ 4 centimètres.

Porter la moitié de ces 4 centimètres, soit 2 centimètres, de chaque côté de la ligne pointillée, de *15* à *10* et de *15* à *11* (voir dessin).

Sur la ligne de taille, faire de même, mais en donnant comme largeur à la pièce, de *12* à *13*, 1/10 du demi-tour de taille.

> *Exemple* : demi-tour de taille.................. 30 centimètres.
> 1/10 du demi-tour de taille.......... 3 centimètres.

Compter, de *13* à *14*, 1 centimètre, et réunir *10* à *12*, *11* à *14*, ainsi que *12* à *14*, par des lignes pleines.

Sur la ligne des hanches, de *16* à *17*, même largeur que de *15* à *11*, soit 2 centimètres.

Pour déterminer la largeur de la pièce donner, de *16* à *18*, le 1/6 du demi-tour des hanches.

> *Exemple* : demi-tour des hanches............... 42 centimètres.
> 1/6 du demi-tour des hanches........ 7 centimètres.

La largeur de *16* à *18* est donc de 7 centimètres.

Pour terminer, réunir par des lignes pleines *14* à *16* et *12* à *18*, et au-delà.

Passons, maintenant, au gousset du dos qui est placé à la pièce du dos, à la moitié de *5-4* (se reporter au dessin).

Tracer une verticale pointillée partant de la taille et allant vers les hanches et au-delà, suivant la longueur du corset.

Sur la ligne de taille, de chaque côté de la ligne pointillée, compter 1 centimètre 5 mm., soit 3 centimètres de *19 à 20*.

Sur la ligne des hanches, 1/10 du demi-tour des hanches, moitié de chaque côté de la ligne pointillée, de *21 à 22*.

> *Exemple* : demi-tour des hanches........ 42 centimètres.
> 1/10 du demi-tour des hanches.. 4 centimètres 2 mm.

La largeur de *21 à 22* est donc de 4 centimètres 2 mm., dont on portera 2 centimètres 1 mm. de chaque côté de la ligne verticale pointillée.

Pour terminer, réunir *19 à 20* par une ligne pleine, ainsi que *20 à 22* et *19 à 21* (consulter le croquis).

Devant

Nous allons continuer cette leçon, chères lectrices, par le tracé du devant.

Les lignes de construction terminées, donner comme largeur, de *1 à 2*, le demi-tour de poitrine moins les largeurs *1 à 2* du dos, et *10 à 11* de la pièce du dessous de bras (*fig. 51*).

> *Exemple* : demi-tour de poitrine............... 40 centimètres,
moins la largeur *1 à 2* du dos, 16 centimètres, la largeur de la pièce du dessous de bras, 4 centimètres, au total 20 centimètres.

Il reste donc 20 centimètres que l'on portera de *1 à 2* et, comme pour les précédents modèles, on fermera le rectangle.

Sur la ligne de taille, élever, de *3 à 4*, du 1/10 de la largeur du rectangle, soit 2 centimètres.

De *4 à 5*, même longueur qu'à la pièce du dessous de bras, de *11 à 14*.

Puis, arrondir le haut du corset en venant rejoindre *1*, à 1 centimètre environ de la ligne horizontale pointillée du rectangle (voir dessin).

Continuons par indiquer la largeur des pièces sur la ligne de poitrine, en commençant par marquer la place du gousset, de *1 à 7*, puis en comptant 1/10 du demi-tour de poitrine.

Le demi-tour de poitrine est de 40 centimètres, c'est donc 4 centimètres que l'on portera de *1 à 7*.

Abaisser ensuite une ligne verticale pleine, jusqu'à la ligne de taille (voir le croquis).

De *5 à 6*, même largeur que de *1 à 7*, soit 4 centimètres. A droite du chiffre *6*, compter un centimètre.

Passer alors à la ligne des hanches, et marquer, de *8 à 9*, une largeur égale au 1/10 du demi-tour de poitrine, soit 4 centimètres.

Laisser un intervalle de 1/2 centimètre, de *9 à 12*, et réunir par des lignes pleines les différents points avec le haut du corset (se reporter à la *fig. 51*).

Sur la ligne de taille, compter, de *10 à 11*, le complément du demi-tour de taille.

> *Exemple* : le demi-tour de taille est de............ 30 centimètres.
moins les largeurs *3 à 4*, *12 à 14*, et la largeur de la première du devant jusqu'au chiffre *10*, soit............... 25 centimètres.
>
> différence ou complément... 5 centimètres.

C'est ce complément, 5 centimètres, que l'on doit porter de *10 à 11* (voir le dessin).

Réunir *11 à 5* par une ligne pleine, fermer la pince à la taille et tracer la ligne de taille.

Pour terminer ce devant, donner comme largeur, de *12 à 13*, le complément du demi-tour des hanches.

> *Exemple* : demi-tour des hanches............... 42 centimètres.
moins les largeurs *8 à 9*, sans compter la pince, *16 à 18* et *21 à 22*, soit................................. 25 centimètres.
>
> différence ou largeur *12 à 13*... 17 centimètres.

Réunir *8 à 9*, *12 à 13* et *11 à 13* par des lignes pleines.

Occupons-nous du gousset pour finir la leçon.

Tracer d'abord une ligne verticale pointillée, à laquelle on donnera, comme longueur, de *15 à 16*, la même longueur que de *7 à 14*, puis donner comme largeur au gousset, 1/10 du demi-tour de poitrine, soit 4 centimètres, dont il faut porter 2 centimètres, de chaque côté de la ligne pointillée, de *15 à 17* et de *15 à 18*.

Enfin, réunir *18 à 16* et *17 à 16*, et voici le patron du corset de fillette complètement terminé.

✢ ✢ ✢

Baleinage et Assemblage

des Corsets

Baleinage et Assemblage des Corsets

I L ne suffit pas pour qu'un corset aille bien que sa coupe soit irréprochable, il faut aussi que l'assemblage ne laisse rien à désirer.

Dans votre intérêt, nous ne saurions trop vous répéter, chères lectrices, de prêter toute votre attention et de vous reporter, toutes les fois qu'il sera nécessaire, à cette leçon.

En effet, un corset bien coupé peut perdre toute sa grâce, par un mauvais assemblage et un défectueux baleinage.

Une fois le patron terminé, il faut avant de le découper, s'assurer que les mesures de taille, de poitrine et des hanches sont bien conformes aux mesures prises; numéroter, ensuite, chaque pièce, en commençant par le bord du devant.

Mettez les chiffres dans le haut de chaque pièce, soit le chiffre 1 pour la première, 2 pour la deuxième et ainsi de suite, afin d'éviter toute confution dans l'assemblage du corset.

Ceci fait, vous découpez le patron bien exactement sur les lignes pleines, sans cela vous auriez un corset trop large.

Indiquez ensuite, par un cran, la ligne de taille de chaque côté de toutes les pièces.

Cette recommandation importante bien comprise, nous allons vous donner approximativement le métrage de tissu qu'il faut pour confectionner les corsets.

Si vous prenez, du coutil ou du broché, ces tissus ont généralement 140 centimètres de large.

Comptez, pour des tailles minces ou moyennes, 60 centimètres de tissu et pour des tailles fortes, 80 centimètres.

Lorsque vous faites des corsets avec soutien-gorge, il vous faut, pour les tailles minces et moyennes, environ de 1 mètre à 1 mètre 10 d'étoffe, et pour les tailles fortes, environ de 1 mètre 20 à 1 mètre 25.

Pour les ceintures, comptez la hauteur et pour les corsets de fillette, faites de même.

La batiste et les tissus de soie n'ayant que 60 à 70 centimètres de large, n'oubliez pas de doubler les métrages ci-dessus.

Avant de placer les pièces de votre patron sur le tissu, mettez celui-ci toujours en double, en ayant soin d'épingler les lisières bien l'une sur l'autre afin que le tissu ne glisse pas lorsqu'on le coupera.

Pour n'importe quelle forme de corset, il est toujours préférable de mettre le droit fil à chaque pièce sur la ligne de taille, cette disposition du tissu empêchant le corset de se déformer.

Pour les goussets, faire de même en mettant toujours le droit fil au milieu.

Nous vous ferons encore remarquer que les tissus pour corsets n'ayant pas de sens, vous pourrez, afin d'en employer le moins possible, contrarier vos pièces comme il vous plaira.

A présent, chères lectrices, votre patron bien épinglé sur l'étoffe, il reste à passer la roulette, afin d'avoir les deux côtés exactement semblables.

La roulette donne de très bons résultats dans les coutils ou brochés, mais dans la batiste ou étoffe de soie, on risque, en l'employant, d'érailler le tissu. Il faut, dans ce cas, d'abord découper les pièces et ensuite tracer les coutures bien minutieusement en se guidant sur le bord du patron.

Il est bien entendu que l'on passe la roulette tout autour du patron et qu'il ne faut pas omettre d'indiquer la ligne de taille.

Lorsque vous travaillez avec de la batiste ou de la soie, il faut que vous passiez un fil fin pour bien indiquer cette ligne de taille.

Nous recommandons de faire tout ceci, avec beaucoup de soins et d'attention, chères lectrices, afin que vous n'ayez pas de rectifications à l'essayage ce qui défraîchit toujours le corset.

Maintenant, découpez le corset en laissant toujours, à droite de chaque pièce, 1/2 centimètre et à gauche, 1 centimètre 1/2.

Puisque vous avez mis un chiffre sur chaque pièce, il vous sera facile de reconstituer votre corset et de l'assembler.

Nous vous demandons de bien suivre nos conseils pour l'assemblage, car, de lui, dépend tout le chic du corset; il ne faut pas perdre, par négligence, les bénéfices d'un patron bien compris et bien dessiné.

A chaque pièce, vous indiquerez la taille en faisant un léger cran et vous assemblerez votre corset, en commençant toujours par la taille, c'est-à-dire, de la taille vers la poitrine et de la taille au bas du corset, en ayant soin de bâtir toujours l'avant d'une pièce sur l'arrière de la précédente.

De cette façon, vous aurez toujours la partie la plus « droit fil » qui retiendra celle qui est le plus en « biais ».

Votre corset entièrement bâti, piquez une première fois bien au bord; ceci fait, rabattez les coutures très régulièrement et piquez une deuxième fois.

Il est bien entendu que si votre corset a des goussets, vous faites un cran à la taille de manière que ce soit toujours le corset qui soit rabattu sur le gousset.

Avant d'aller plus loin, il faut naturellement débâtir et repasser.

Il faut, ensuite, s'occuper de la pose des rubans de baleines.

Pour la bande du dos, sur laquelle sont posés les œillets, il faut employer du ruban sergé ou simili n° 14, pour les ressorts, du n° 10, pour les baleines, du n° 8 et pour border le corset, du n° 6.

Nous commençons, chères lectrices, par poser un ruban n° 10, en travers du corset à la taille, au-dessus des crans, et les affleurant.

Ce ruban doit être posé droit fil, c'est-à-dire dans la direction de la taille normale; il ne doit, dans aucune forme de corset, venir rejoindre la taille prolongée du devant, cela occasionnerait des plis en travers de la taille; faites-le soutenir légèrement.

Passez, maintenant, au dos du corset et placez, dans toute sa hauteur, un ruban n° 14, qui sera piqué de chaque côté. Divisez la largeur de ce ruban en trois parties égales; ces divisions seront indiquées par des piqûres. Dans la piqûre de chaque bord, mettez une laçure qui s'arrête à 1 centimètre environ dans le haut du corset, afin que l'on puisse le border; dans le bas, faire de même.

Dans l'espace qui se trouve entre ces deux laçures, nous mettrons les œillets, à 1 centimètre 5 mm. de distance les uns des autres.

Cette manière de placer les laçures et les œillets est invariable, quelle que soit la forme de corset.

A présent, plaçons sur le bord du devant, un ruban n° 8, dans lequel sera cousu le busc; celui-ci devra s'arrêter dans le haut du corset, à 2 centimètres environ, et dans le bas, de 12 à 15 centimètres au plus, au-dessous de la taille, sans quoi il pourrait gêner en s'asseyant.

Mettez ensuite un ruban n° 10 sur la couture du dessous de bras, dans lequel se trouvera un ressort; ceci est également invariable pour tous les corsets.

Il est bien entendu, chères lectrices, que vous devez toujours soutenir légèrement les rubans dans lesquels vous placez les ressorts et les baleines, c'est essentiel, autrement le dessus du corset froncerait et, en passant les baleines, vous risqueriez de percer le tissu.

Continuez en plaçant les rubans de baleines du dos.

Suivant la grandeur du corset, on met dans la distance qui se trouve comprise entre le ruban du dessous de bras et la laçure un ruban n° 8, dans lequel on place deux baleines pour les tailles minces; il faut placer ce ruban de façon qu'il soit à la moitié de cette distance, à la taille, à la poitrine et aux hanches.

Pour les tailles fortes, vous placerez deux rubans au lieu d'un et calculerez comme ci-dessus, mais en prenant le tiers de la distance, au lieu de la moitié. Pour les personnes voulant un baleinage très dur ou pour les fillettes ayant besoin d'être très maintenues, on placera des rubans n° 10 dans lesquels seront introduit des ressorts au lieu de baleines.

Voici, chères lectrices, le baleinage du dos terminé.

Passons au devant. C'est dans cette partie du corset que le baleinage varie, suivant la forme choisie, mais surtout c'est la mode qui nous guide.

La mode, lorsqu'elle est aux tailles longues devant et aux hanches proéminentes, impose le baleinage suivant qui convient surtout aux corsets à goussets et, en particulier, aux corsets Louis XV.

Nous prenons du ruban n° 8 et nous divisons la distance comprise entre le ruban du busc et celui du dessous de bras, à la hauteur de la poitrine, de façon à pouvoir placer 3 ou 4 rubans à égale distance les uns des autres, suivant la largeur du corset.

Puis, nous dirigeons le premier ruban vers le bord du devant, de façon qu'à 20 centimètres au-dessous de la taille, il soit à 1 centimètre du ruban du busc, le deuxième ruban à 1 centimètre 5 mm. ou 2 centimètres du premier, le troisième que vous laissez tomber droit fil, ne doit dans aucun cas être piqué avant que l'on se soit assuré, à l'essayage, qu'il n'est pas placé sur l'os de la hanche.

Ce baleinage convient aux tailles minces et moyennes.

Pour les tailles fortes, les deux premiers rubans se placent comme pour les tailles minces, mais on laisse, à 20 centimètres au-dessous de la ligne de taille, 5 à 6 centimètres d'écart entre le deuxième et le troisième ruban.

Pour ces tailles, c'est le quatrième ruban que vous laissez tomber droit fil, et dont vous vérifiez la position à l'essayage.

L'explication du baleinage pour les hanches proéminentes étant terminée, passons maintenant au baleinage effaçant les hanches.

Lorsque la mode imposera une silhouette aux hanches effacées vous disposerez votre baleinage comme ci-dessous.

Ajoutons qu'il s'adapte mieux, en particulier, aux corsets droits avec ou sans goussets ou aux corsets-gaine.

A la hauteur de la poitrine, dans l'espace compris entre le busc et le dessous de bras, faire comme pour le précédent; diviser en 3 ou 4 parties égales et placer les rubans suivant la largeur du corset.

Faire suivre au premier ruban la pente de la première couture; faire de même pour le deuxième. Quant au troisième, placez-le bien droit.

Pour les tailles fortes laissez tomber, également et de la même façon, le quatrième ruban.

Dans ce baleinage, comme dans le précédent, il faut toujours s'assurer que les baleines de côté ne sont pas placées sur l'os des hanches.

Il reste maintenant, chères lectrices, à bâtir ces rubans, puis à les piquer.

Ceux des ressorts seront piqués sur chaque bord et ceux des baleines, sur chaque bord et au milieu, puisqu'il doit y avoir deux baleines.

Il faut surtout piquer ces rubans de manière à ne pouvoir entrer les ressorts et les baleines qu'avec un peu de difficulté, sans cela ceux-ci formeraient couteau et, de plus, feraient tourner le corset.

Plaçons donc les ressorts et les baleines, mais en ayant soin de gratter préalablement celles-ci, pour en adoucir les angles.

Mettons un ressort dans le ruban qui se trouve sur la couture du dessous de bras, en laissant 1 centimètre environ en haut du corset. Afin qu'il ne gêne pas, il ne doit pas descendre à plus de 25 centimètres au-dessous de la ligne de taille.

Les laçures étant déjà placées, il vous reste à mettre les baleines ou les ressorts qui se trouvent entre les laçures et le dessous de bras, en laissant 1 centimètre dans le haut. Dans le bas, vous les arrêterez à la même hauteur que les laçures.

Pour celles du devant, arrêtez-les toujours de 9 à 12 centimètres au plus au-dessous de la ligne de taille.

Pour les corsets très hauts enveloppant la poitrine les baleines ne doivent, en aucun cas, aller jusqu'en haut du corset; on les arrête à la hauteur de la poitrine et leur faisant suite, dans les mêmes rubans, on met trois petites baleines fines, nommées *filet de baleine*.

Puis, bordez le corset dans le haut en le faisant soutenir légèrement; dans le bas, au contraire, bordez-le bien à plat.

Continuez, en éventaillant avec du cordonnet spécial, puis mettez des jarretelles devant et sur les hanches, en outre, une ou plusieurs agrafes plates suivant le goût de la personne, ainsi qu'un morceau de peluche tout le long du busc, afin d'éviter que la transpiration ne le rouille.

Terminez, enfin, votre corset en le garnissant, suivant votre goût, avec de la Valenciennes, de la broderie, de la guipure ou du ruban; mettez ensuite un lacet de coton ou de soie en lui donnant comme longueur, suivant les tailles, de 5 mètres à 8 mètres.

Il nous reste, chères lectrices, pour finir cette leçon, à vous donner quelques conseils pour les soutiens-gorge et les corsets en batiste.

Pour les soutiens-gorge, afin de leur laisser toute la souplesse nécessaire on rabat les coutures comme aux corsets, et l'on passe dans ces coutures du filet de baleine; on met aussi une baleine à côté des boutons. Les soutiens-gorge sont fermés par des sortes de brides, en simili étroit, que l'on nomme *cocottes*.

A cause de la transparence de la batiste et de la soie, pour les corsets, ceintures, soutiens-gorge confectionnés avec ces tissus, il faudra employer du ruban simili, que vous mettrez en double de manière à placer les ressorts et les baleines, entre les deux rubans.

Cette leçon et celle de la prise des mesures doivent être étudiées avec une minutie que nous ne saurions trop recommander, afin d'arriver à de bons résultats.

L'École Moderne de Coupe

de Paris

L'École Moderne de Coupe de Paris

✢ ✢ ✢

BIEN que les leçons de cette méthode aient été conçues dans un esprit pratique et que la description de chaque modèle ait été faite avec une précision et une minutie quelquefois excessives, avec des dessins parfaitement clairs et faciles à reproduire, il se pourra que vous ayez besoin, chères lectrices, de renseignements complémentaires.

D'autre part, quelques-unes parmi vous voudront sans doute perfectionner les notions acquises par l'étude de cet ouvrage et exécuter pratiquement, sous la direction de professeurs compétents, tous les modèles décrits, afin d'obtenir ensuite un diplôme de professionnelle ou de professeur.

Aux unes et aux autres nous ne pouvons mieux faire que de leur indiquer la seule école de Paris où elles pourront parachever leur éducation professionnelle.

L'École Moderne de Coupe de Paris

43, RUE DE RIVOLI

est, en effet, l'unique Institut de Coupe dans lequel vous pourrez choisir parmi une variété de cours, du plus simple au plus compliqué, et dans lequel vous pourrez acquérir rapidement le tour de main si nécessaire dans le fini de n'importe quel modèle.

Les professeurs de cette École Moderne de Coupe, qui ont fait leurs preuves, s'attachent avec le plus grand soin, à ne laisser dans l'ombre aucun point de chaque description et répètent jusqu'à parfaite compréhension, les explications nécessaires.

Les Cours de l'École Moderne de Coupe se divisent en trois parties :

1° Cours pour professeurs ou pour élèves désirant le devenir ;

2° Cours pour professionnelles ;

3° Cours pour jeunes filles du monde.

Il est bien évident que pour les élèves désirant obtenir des diplômes de professeur, leur donnant le droit d'enseigner la présente méthode, tant en France qu'à l'Étranger, de même que la coupe des vêtements ou de la lingerie, les études doivent être très approfondies.

L'École Moderne de Coupe ne saurait leur délivrer ces diplômes qu'après des examens très sérieux, passés à la suite des cours spéciaux organisés à cet effet.

Les personnes non munies de ces diplômes de professeur ne peuvent enseigner cette méthode, sans s'exposer à être poursuivies conformément à la loi.

Pour les professionnelles et pour les jeunes filles du monde, il est également délivré, après examens, des diplômes facilitant leur placement (voir le modèle du diplôme ci-contre).

Demander le programme détaillé de son enseignement complet à

L'École Moderne de Coupe de Paris

43, RUE DE RIVOLI, 43

ÉCOLE MODERNE DE COUPE DE PARIS
Enseignement Professionnel Théorique et Pratique
43, RUE DE RIVOLI
DIPLÔME
Décerné à L'élève Alice Marchand
ayant suivi avec succès le cours de l'École Moderne de Coupe de Paris,
le présent Diplôme lui a été remis comme attestation de sa parfaite
connaissance dans l'art de la COUPE.
La Directrice.
Le Professeur,
Paris, le .... 19..

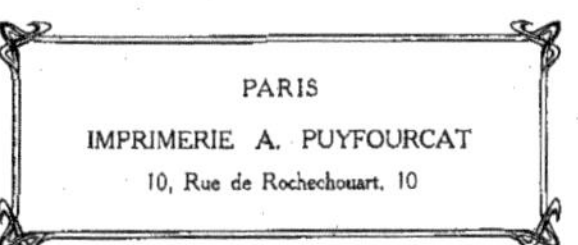
PARIS

IMPRIMERIE A. PUYFOURCAT

10, Rue de Rochechouart, 10

9 782019 148638